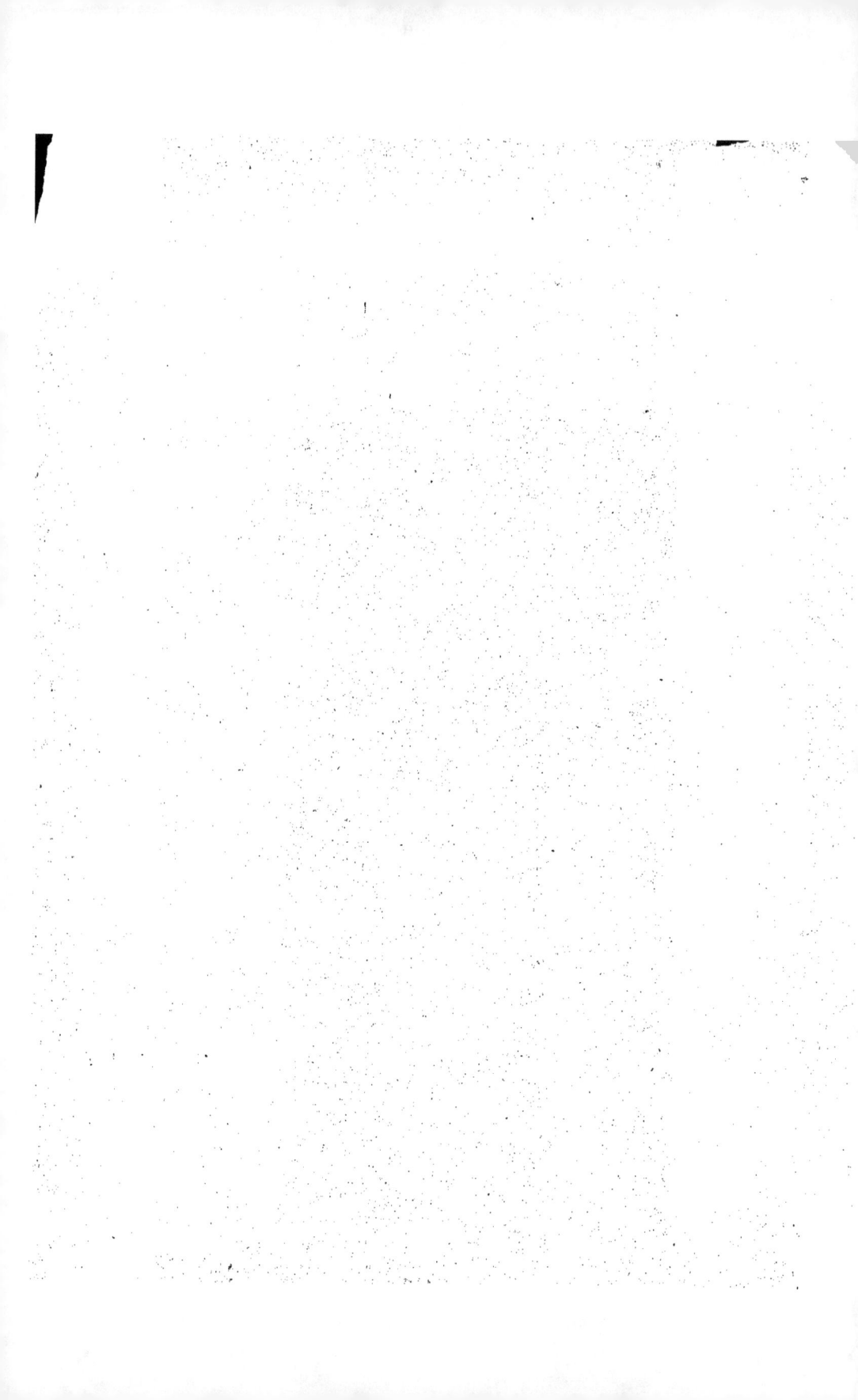

MINISTÈRE DES FINANCES

COMMISSION DES SERVICES MILITAIRES

RAPPORT PRÉPARATOIRE

PRÉSENTÉ

PAR M. LUCIEN PETIT

INSPECTEUR DES FINANCES

TABLE DES MATIÈRES.

•

A. — OBJET DU RAPPORT.

B. — SITUATION COMPARATIVE

DES ANCIENS MILITAIRES ET DES RÉFORMÉS ET EXEMPTÉS

AU POINT DE VUE DE L'AVANCEMENT.

HISTORIQUE ET COMMENTAIRES.

C. — DISCUSSION DE LA QUESTION

DES CHEVAUCHEMENTS.

PREMIÈRE MÉTHODE.

Solution du problème des chevauchements par une modification du temps total des services utiles.

DEUXIÈME MÉTHODE.

Solution du problème des chevauchements par une modification du temps des services militaires utiles.

MÉTHODES DIVERSES

tendant à étaler les chevauchements sur plusieurs classes.

La question des réformés.

D. — CONCLUSION.

ANNEXES.

COMMISSION DES SERVICES MILITAIRES.

RAPPORT PRÉPARATOIRE

PRÉSENTÉ

PAR M. LUCIEN PETIT

INSPECTEUR DES FINANCES.

A. OBJET DU RAPPORT.

Le présent rapport traite seulement la question des chevauchements; les autres questions soulevées à la Commission, dont la solution est beaucoup moins complexe, pourront, en effet, faire l'objet d'un rapport séparé.

D'autre part, comme il s'agit d'organiser un régime normal et permanent, on s'est presque toujours placé au point de vue du temps de paix; les modifications que l'état de guerre devra faire apporter aux solutions admises seront examinées séparément à titre de dispositions transitoires.

La difficulté des chevauchements provient de la coexistence de deux régimes légaux différents applicables aux fonctionnaires à qui un temps de service militaire est compté pour l'avancement. Tantôt ce temps est compté pour moitié, et c'est le cas des classes antérieures à 1913, lesquelles sont régies par l'article 80 de la loi de 1902 (Annexe n° 1) et par le décret du 11 novembre 1903 (Annexe n° 2); tantôt il est compté pour sa totalité, et c'est le cas des classes 1913 et suivantes qui sont régies par l'article 5 de la loi du 7 août 1913 (Annexe n° 3).

Considérons dans une même promotion, 1912 par exemple, deux

I
**Le présent rapport
ne traite
que la question
des
chevauchements.**

II
**Exposé sommaire
de la question
des
chevauchements.**

Rapport Petit.   2.

fonctionnaires A et B appartenant respectivement aux classes 1913 et
1912. Dans le régime actuel, A passera un an avant son camarade B,
et s'il faut, par exemple, 11 ans en moyenne pour obtenir un certain
avancement, A obtiendra celui-ci en 1923 alors que B l'aura seulement
en 1924.

PROMO-TION.	CLASSE.	SERVICES MILITAIRES effectifs (S. M. E.)	SERVICES MILITAIRES utiles. (S. M. U.)	TEMPS à passer dans les cadres civils. (11-S. M. U.)	TEMPS TOTAL pour l'avancement. (S. T. U.)	ANNÉE de PASSAGE.
A............ 1912	1913	3	3	8	11	1923
B............ 1912	1912	2	1	10	12	1924

A, gagnant un an sur ses camarades de promotion, vient ainsi en
concours avec ceux de la promotion précédente. C'est cette anomalie
qu'il s'agirait de faire disparaître ou du moins d'atténuer dans la mesure
du possible.

Avant d'examiner les différentes solutions, il paraît nécessaire de rappeler les origines de la législation actuelle, les principes qui lui ont servi
de base, les idées directrices qui ont été jusqu'ici émises et d'indiquer
quels agents sont intéressés dans le débat.

B. SITUATION COMPARATIVE

DES ANCIENS MILITAIRES ET DES RÉFORMÉS OU EXEMPTÉS

AU POINT DE VUE DE L'AVANCEMENT.

HISTORIQUE ET COMMENTAIRES.

Longtemps avant que le Parlement ne fût saisi de la question, certaines administrations du Ministère des Finances avaient fait bénéficier leurs agents de leur temps de service militaire.

Par voie d'arrêté du Ministre ou de circulaires des Directeurs généraux, des bonifications avaient été admises pour les agents des Contributions directes, des Contributions indirectes ou de l'Enregistrement, jusqu'à concurrence du temps total passé à l'armée soit avant, soit après leur entrée dans les cadres (1).

Des mesures diverses dans le même sens avaient été prises dans les administrations des Douanes, des Manufactures, des Monnaies et Médailles.

Ces bonifications étaient données *sans relèvement de crédit,* par de simples changements de rangs; l'idée de dépense nouvelle fut introduite par le Parlement à l'occasion du budget de 1893 : une augmentation de crédit ayant été votée par la Chambre en faveur des employés des P. T. T., la

III

Situation,
au point de vue
de l'avancement,
des agents
anciens militaires
et des autres. —
Historique
des mesures
s'y rattachant.

---

(1) *Contributions directes :* 1° Circulaire du 22 octobre 1874 donnant une bonification d'un an aux engagés conditionnels; 2° Circulaire du 8 décembre 1899 accordant une bonification entière rétroactive aux militaires « d'avant » ou « d'après ».

Enregistrement : Arrêté du 3 décembre 1890 donnant une bonification aux surnuméraires et aux receveurs.

Contributions indirectes : Dès 1893, on tenait compte des services militaires « d'après »; la circulaire du 30 décembre 1899 étendit la mesure aux services militaires « d'avant ».

Commission du budget affecta, dans la répartition de ce crédit, une somme de 50,000 francs à l'amélioration de la situation des agents ayant fait leur service militaire et qui perdaient de ce fait leur tour d'avancement (1).

Au budget suivant (1894), et malgré la résistance de la Commission du budget, un *nouveau* crédit de 33,000 francs vint s'ajouter au précédent avec la même destination (2).

Les crédits ainsi votés ne s'appliquaient qu'aux seuls agents des P. T. T., ne visaient que l'avenir et ne devaient rémunérer que la moitié des services militaires.

Ces restrictions ne subsistèrent pas.

Au budget même de 1894, M. Bouge avait demandé, sans les obtenir, 570,000 francs pour liquider le passé (3). Il reprit son amendement au budget de 1895 et demanda 600,000 francs dans le même but; il échoua encore, après l'intervention de M. Ribot, Président du Conseil (4). Mais ses efforts aboutirent au budget de 1896, et cette fois le crédit fut voté (5).

Mais le crédit voté n'ayant été distribué qu'aux fonctionnaires ayant fait leur service militaire *après* leur entrée dans les cadres, le Parlement vota, au budget de 1897, un projet de résolution étendant le bénéfice des bonifications aux militaires « d'avant » comme aux militaires « d'après » (6).

La distinction entre le passé et l'avenir disparaissait de la sorte, au moins en ce qui concerne les P. T. T.

A tous les budgets, de 1897 à 1901, des membres du Parlement demandèrent que le bénéfice des services militaires fût étendu à *tous* les fonctionnaires « d'avant » et « d'après » et pour toute la durée de ces ser-

---

(1) Chambre des Députés : séance du 3 février 1893.

(2) Chambre des Députés : séance du 5 juillet. — Sénat : séance du 19 juillet 1893.

(3) Chambre des Députés : séances des 5 et 21 juillet 1893. — Sénat : séance du 22 juillet 1893.

(4) Chambre des Députés : séances des 8 février et 11 avril 1895.

(5) Chambre des Députés : séance du 2 décembre 1895. — Sénat : séance du 27 décembre 1895.

(6) MM. Georges Berry et Groussier : Chambre des Députés, séance du 2 décembre 1896.

vices (1). Le Gouvernement répondait que la question était à l'étude et que le Conseil d'État statuerait à bref délai, et les projets étaient rejetés ou retirés ; mais le projet de budget rectifié de 1902 comprit un article (devenu l'article 80 de la loi de finances) qui étendit le bénéfice des bonifications « aux agents et sous-agents des administrations de l'État, aux employés et ouvriers des Établissements industriels de l'État ».

La limitation de ces avantages à l'administration des Postes disparaissait à son tour.

La loi de finances de 1902 laissait d'ailleurs à un décret en Conseil d'État le soin de régler les conditions dans lesquelles le service militaire compterait pour l'avancement ; ce décret porte la date du 11 novembre 1903. Il a fixé la bonification des services militaires à moitié de leur durée et l'a attribuée aux militaires « d'avant » comme aux militaires « d'après », à la seule condition que pour ceux-là il ne s'écoule qu'un temps limité entre le service militaire et l'entrée dans les cadres. Ce décret, non rétroactif, a laissé à des arrêtés ministériels le soin de régler le sort des agents déjà entrés dans l'administration.

Dans un rapport explicatif (2), le Conseil d'État avait pris soin de justifier ces dispositions et d'exposer les considérations et les principes qui l'avaient guidé, notamment en ce qui touche certaines restrictions prévues par le Décret.

Cependant les intéressés s'élevèrent contre ces restrictions.

1° Un projet de résolution, voté en 1906, a réclamé la rétroactivité du décret de 1903 (3).

---

(1) MM. Georges Berry et Sever : Chambre des Députés, séance du 11 février 1897.
　　Delpech : Sénat, séance du 18 mars 1897.
　　Arthur Groussier : Chambre des Députés, séance du 23 décembre 1897.
　　Georges Berry, Fleury-Ravarin et autres : Chambre des Députés, séance du 14 janvier 1898.
　　Georges Berry : Chambre des Députés, séance du 25 mars 1899.
　　Pastre et autres : Chambre des Députés, séance du 8 février 1900.
　　Strauss : Sénat, séance du 2 avril 1900.
　　De Carné : Sénat, séance du 11 février 1901.
(2) Rapport de M. le Conseiller d'État Jagerschmidt.
(3) M. L. Puech, Chambre des Députés, séance du 17 mars 1906.

2° En 1908, 1910 et 1911 l'abrogation de la disposition du décret n'accordant la bonification aux militaires « d'avant » que s'ils étaient entrés dans les cadres pendant un certain délai après leur libération (1), a été expressément demandée : sur ce second point, le décret du 6 septembre 1912 a donné partiellement satisfaction aux intéressés en prolongeant le délai. (Annexe n° 2 *bis.*)

3° En 1913, la loi du 5 août a accordé, POUR L'AVENIR (c'est-à-dire à partir de la classe 1913), la bonification de la totalité des services militaires (2).

IV
Le but poursuivi par ces mesures.

On peut *a priori* concevoir deux explications de la bonification attribuée aux fonctionnaires pour le temps passé par eux sous les drapeaux. La première consiste à y voir une rémunération des services militaires eux-mêmes; la seconde repose sur cette idée d'équité, qu'au regard de l'avancement professionnel les fonctionnaires ayant fait leur service doivent être placés au moins sur un pied d'égalité avec les fonctionnaires qui ne l'ont pas accompli.

La première explication ne se défend ni logiquement ni historiquement.

Logiquement : Elle impliquerait une série de conséquences assez singulières. Il y aurait normalement dans l'armée, pour le même service, deux classes de citoyens, ceux qui seraient rétribués et ceux qui ne le seraient pas, et encore, pour les premiers, la rétribution varierait selon leur grade dans la vie civile et l'administration à laquelle ils appartiennent.

D'autre part les rengagés, payés pour leurs années de service obliga-

(1) MM. J. Godard, Chambre des Députés, 2ᵐᵉ séance du 23 novembre 1908 ; A. Dumont et autres, Chambre des Députés, séance du 26 mars 1910 ; G. Berry, Chambre des Députés, séance du 27 novembre 1911.

(2) Au cours de la discussion au Sénat, M. Chabert avait demandé l'extension du bénéfice des services militaires explicitement aux ouvriers des chemins de fer de l'État et aux agents des départements et des communes ; M. Nègre et d'autres sénateurs l'avaient demandée pour les employés des hôpitaux et des établissements de bienfaisance.

toire, cesseraient de l'être au moment où ils paraissent vouloir devenir militaires de carrière.

Historiquement : Cette première thèse n'a jamais été défendue et la seconde seule se concilie avec les déclarations faites au Parlement depuis plus de vingt ans que la question est posée. Voici l'une des déclarations faites à ce sujet :

« Quelle était l'origine, quel était le but de cet amendement? (amendement Bouge).

« L'origine était bien simple :

« Les agents des Postes se divisaient en deux catégories : les plus favo-
« risés d'abord, ceux qui avaient été dispensés ou exemptés du service
« militaire, et en second lieu ceux qui avaient accompli ce service. Les pre-
« miers jouissaient d'avantages importants qu'il était impossible aux seconds
« de jamais acquérir. Libres de tous engagements, disposant entièrement
« de leur temps, ils avaient pour l'avancement et pour l'ancienneté des
« prérogatives que rien ne justifiait, et l'amendement Bouge avait pour but
« sinon de faire cesser complètement, du moins de diminuer les distances
« qui séparaient les uns des autres. » (Sénat, débats, 11 février 1901, *J. O.*,
p. 289.)

Qu'on se reporte à toutes les discussions qui ont eu lieu, depuis 1894 jusqu'à 1913, c'est toujours le même principe, et le seul dont les orateurs se réclament : réduire l'inégalité de situation entre ceux qui ont fait leur service et ceux qui ne l'ont pas fait.

On trouvera en annexes au présent rapport, à titre d'exemple, un certain nombre de déclarations analogues. (Annexes nᵒˢ 4, 5, 6, 7.)

V
**Les divers moyens
qui permettaient
d'atteindre le but.**

Si le but était hors de conteste, les moyens de l'atteindre pouvaient varier : on pouvait soit imposer un retard d'avancement aux réformés et aux exemptés, soit tenir compte aux autres agents, pour l'avancement, dans une plus ou moins large mesure, de leur temps de service militaire.

Le premier système n'eût pas entraîné de dépense nouvelle. C'était, comme on l'a déjà vu, celui que certaines administrations du Ministère des

Finances avaient appliqué par voie de circulaires bien avant que le Parlement ne s'occupât de la question.

Le second système l'emporta après avoir été amorcé d'une manière tout à fait indirecte par la Commission du budget de 1894 qui, non sans quelque imprudence, dans une répartition du crédit voté par la Chambre en faveur des employés des P. T. T., affecta une certaine somme à « l'amélioration de la situation » des agents ayant fait leur service militaire.

L'initiative parlementaire allait s'engager de plus en plus dans la voie qui venait de s'entr'ouvrir, et le danger financier apparut bientôt. Lorsqu'au budget suivant un nouveau crédit — encore modeste : 33,000 francs — fut demandé pour le même but, le Rapporteur du budget des Postes, qui était encore M. Mesureur, et le Président de la Commission du budget, M. Burdeau, s'élevèrent contre le principe que l'on voulait poser. Sans doute il semblait juste de remédier à l'inégalité entre les réformés et les bons pour le service; mais il fut nettement déclaré que la solution devait être cherchée non dans l'ouverture de crédits nouveaux, système périlleux pour les finances publiques en raison du développement indéfini qu'on peut lui donner, mais dans la suspension de l'avancement pour les agents qui ont bénéficié d'exemption ou de dispense.

Le Ministre du Commerce insistait dans le même sens. (Voir rapport Mesureur et discours Burdeau et Terrier, Annexes nos 4, 5, 6.) L'amendement fut cependant voté sur cette affirmation de son auteur, que « l'administration des Postes est la seule dans laquelle des employés soient admis avant d'avoir satisfait à la loi militaire ».

Il n'était question encore — il faut insister une fois de plus, pour montrer le danger des improvisations législatives — que des agents des P. T. T., que des militaires « d'après » et que de l'avenir. On a vu plus haut comment ont été abattues une à une les diverses barrières, les limitations multiples qui avaient entraîné le vote des premiers crédits malgré l'opposition des Ministres des Finances.

Est-ce à dire que la thèse de la Commission du budget de 1894 ait été définitivement abandonnée? Assurément non, car malgré la difficulté de remonter le courant, elle est revenue à la tribune au cours de la discussion de l'article 5 de la loi de 1913.

L'honorable M. Chabert, dont le sentiment ne peut être suspect aux fonctionnaires, spécialement aux agents des Postes, et qui revendiquait la paternité de cet article 5, a déposé un amendement portant notamment que les réformés subiraient un retard d'ancienneté et d'avancement égal à la moitié du temps de service militaire qu'ils auraient dû passer sous les drapeaux. M. Chabert a défendu cette solution, en se plaçant spécialement au point de vue des agents et en montrant les avantages de carrière que les réformés tirent de leur situation, au delà même du temps matériellement gagné par eux. (Annexe n° 8.)

C'est à l'occasion de cet amendement que le rapporteur de la loi, reconnaissant que les dispositions de l'article 5 ne sont pas suffisamment étudiées et devaient être revisées, a déclaré « qu'il y avait lieu d'y apporter des retouches, notamment au point de vue des idées nouvelles très intéressantes contenues dans l'amendement que M. Chabert présente ».

L'article 80 de la loi du 30 mars 1902 a prévu l'imputation aux agents et sous-agents de toutes les administrations de l'État, aux employés et ouvriers des établissements industriels de l'État, dans le calcul de l'ancienneté exigée pour l'avancement, des services militaires qu'ils ont accomplis après comme avant leur entrée dans les cadres. (Annexe n° 1.)

VI
Quels agents bénéficient actuellement des bonifications.

L'article 1ᵉʳ du décret de 1903, rendu en exécution de cette loi, reproduit la même énumération des bénéficiaires et les conditions d'application : « Lorsqu'il est fait état de l'ancienneté des services » pour l'avancement. (Annexe n° 2.)

De son côté, la loi de 1913 reproduit à peu près les termes de la loi de 1902 (Annexe n° 3), et la seule condition exigée pour que les agents de l'État bénéficient de ses dispositions est encore qu'il soit fait état de l'ancienneté de service pour leur avancement.

Mais les administrations donnent l'avancement suivant des méthodes diverses. Les unes l'accordent exclusivement au choix. D'autres tiennent compte, en tout ou partie, de l'ancienneté sans que jamais une ancienneté déterminée puisse constituer un droit absolu. D'autres enfin pratiquent l'avancement automatique : la promotion à un échelon donné est de droit après un certain temps de service passé à l'échelon inférieur.

« Dans les premières, l'adjonction du temps passé sous les drapeaux
« n'aura aucun effet ni sur l'avancement, ni sur les dépenses du personnel;
« les années de service militaire entreront, au point de vue de l'ancienneté,
« dans l'appréciation des divers éléments de choix; mais, l'ancienneté ne
« conférant aucun rang, les situations respectives des employés entre eux
« ne seront pas nécessairement modifiées.

« D'autre part, les promotions étant, dans ces administrations, subor-
« données aux vacances et aux crédits alloués, aucune augmentation de
« dépense ne sera à redouter.

« Dans les administrations où une part de l'avancement est attribuée à
« l'ancienneté, mais qui sont régies par le système des cadres, et où les
« promotions de classe elles-mêmes sont limitées par application d'un
« pourcentage fixé, soit par décret, soit par arrêté ministériel, le compte
« du temps passé sous les drapeaux n'aura d'effet que sur le rang occupé
« au tableau d'ancienneté d'une classe par ces employés; mais, les avan-
« cements de grade ou de classe n'ayant lieu qu'au fur et à mesure des
« vacances, l'innovation (bonification pour services militaires) n'aura
« aucune répercussion sur les dépenses du personnel.

« C'est ce qui est arrivé dans les administrations des régies financières
« où la contribution des services militaires à l'avancement, pratiquée
« depuis 1899 en vertu des circulaires ministérielles, n'a nécessité aucune
« augmentation de crédits.

« Mais dans les administrations où l'avancement est automatique, en
« droit ou en fait, l'accroissement des dépenses de personnel se produira
« infailliblement par l'augmentation du nombre des promotions qu'entraî-
« nera l'introduction dans le calcul de l'ancienneté d'un temps de service
« supplémentaire » (1).

Les cas d'avancement automatique conféré par un texte formel sont
rares. On les rencontre aux Ministères du Commerce et de l'Instruction
publique : personnel des Écoles nationales professionnelles (décret du
19 mai 1895); personnel des Écoles pratiques du commerce et de l'in-

(1) Rapport Jagerschmidt, pages 10 et 11.

dustrie (décret du 31 juillet 1901); fonctionnaires de l'enseignement primaire (loi du 31 mars 1903, art. 73) ou de l'enseignement secondaire (loi du 7 avril 1908).

Mais « ce mode d'avancement, malgré les inconvénients qu'il présente « pour le bien du service, est pratiqué en fait et dans le silence des textes, « dans plusieurs administrations pour l'avancement de classe à classe » (1).

Il en est ainsi depuis longtemps dans l'administration des Postes et, depuis des dates plus récentes, dans l'administration des Contributions indirectes et dans quelques autres services (Exemples : Guerre, Imprimerie nationale, Manufactures de l'État).

Il faut remarquer que ce système d'avancement automatique a, à plusieurs reprises, fait l'objet de critiques de la part des Ministres des Finances, et que le Conseil d'État en a signalé les inconvénients dans son rapport sur le décret de 1903.

Lors de l'élaboration de ce décret, le Département des finances avait envoyé au Conseil une note « faisant observer que, pour prévenir tout « accroissement de dépense, les diverses administrations pourraient s'interdire d'accorder à leurs agents un avancement automatique » (2).

Entre l'adoption définitive du texte et la publication du décret, M. Rouvier, ministre des Finances, adressa, le 15 juillet 1903, à chacun de ses collègues une lettre rappelant que la préoccupation constante du Conseil d'État avait été de ménager les finances publiques, et qu'il serait possible d'appliquer la réforme sans engager de nouvelles dépenses. Il conseillait notamment de supprimer ou d'interdire pour l'avenir l'avancement automatique, et aussi de s'abstenir rigoureusement d'augmenter l'effectif des classes.

En 1904, dans une lettre du 17 février adressée au Sous-Secrétaire d'État des Postes, M. Rouvier préconisait de nouveau la suppression de l'avancement automatique « que ne prévoit, en ce qui concerne l'administration des Postes, aucun texte de loi ou de décret ».

---

(1) Rapport Jagerschmidt, page 12.
(2) Rapport Jagerschmidt, page 15.

Une lettre de M. Merlou, ministre des Finances, à M. Dubief, sous-secrétaire d'État des Postes, en date du 22 juin 1905, insistait encore dans ce même sens.

Dans les conclusions de son rapport de 1903, le Conseil d'État a exposé qu'à son avis la délégation qu'il avait reçue ne lui permettait pas de modifier les règles de l'avancement des fonctionnaires; mais il a fait ressortir l'intérêt que présenterait la suppression de l'avancement automatique.

Dans l'état actuel, les bonifications pour services militaires ne sont pas appliquées dans les Ministères de l'Intérieur, des Affaires étrangères, des Colonies, de la Justice, où l'avancement a lieu exclusivement au choix.

Au contraire, elles sont appliquées en particulier :

Aux Finances: Personnel des Contributions Directes, des Contributions Indirectes, de l'Enregistrement, des Douanes, des Manufactures, de la Caisse des Dépôts, à l'exclusion des agents de l'administration Centrale où l'avancement a lieu au choix, et des percepteurs, conformément à un avis de la direction du personnel;

A l'Instruction publique, aux instituteurs et au personnel de l'Enseignement secondaire;

Au Commerce, aux agents et sous-agents de l'enseignement technique;

A l'Agriculture, aux préposés forestiers;

A la Guerre, au personnel civil;

Aux Travaux publics, aux conducteurs entrés au concours.

Les bonifications donnent lieu à une dépense supplémentaire dans les services où l'avancement est automatique en droit ou en fait; dans les autres elles ne se traduisent que par un simple déplacement de rang entre les agents.

VII
Quelles extensions sont ou pourront être demandées.

Il s'en faut que les agents de l'État bénéficient tous de bonifications pour services militaires.

Mais, de même qu'on a vu tomber une à une les restrictions initiales (application aux seuls agents des P. T. T., limitation aux militaires d'après, non-rétroactivité), dans l'intention marquée de pousser jusqu'au bout les conséquences logiques du principe adopté, de même on peut se demander si des réclamations nouvelles, mettant toujours en avant des considérations de logique et d'équité apparentes, n'entraineront pas un élargissement des conditions d'application de ce bénéfice réservé aujourd'hui à certains agents.

Quand les fonctionnaires de telle administration bénéficient d'améliorations de situation et d'augmentations de crédits pour la seule raison qu'en vertu de règlements intérieurs ou d'usages anciens, même contestables, l'avancement a lieu automatiquement, les fonctionnaires d'une administration voisine seront-ils toujours laissés en dehors de ces améliorations, à situation militaire égale, parce que l'avancement leur est donné au choix? On peut citer le cas de l'Administration centrale des Finances à laquelle n'a pas été jugé applicable le décret de 1903, et dans laquelle certaines inégalités flagrantes auraient été signalées. Il y en a d'autres.

On peut penser qu'un jour on réclamera au Parlement la suppression, pour l'application du décret de 1903 et de la loi de 1913, de la condition de l'avancement à l'ancienneté. Peut-être, comme pour les anciennes extensions, y aura-t-il quelque résistance au début; mais les Ministres passent et les revendications demeurent, et ceux qui défendent énergiquement l'intérêt budgétaire ont toujours un rôle ingrat.

Les ouvriers ont droit aux bonifications pour services militaires. La loi de 1902, le décret de 1903 et la loi de 1913 les comprennent nommément, mais quand avancent-ils réellement à l'ancienneté? (1) Il y a des problèmes fort complexes dans certaines hypothèses, et, en fait, les administrations ont tranché la question de façons différentes; on ne donne de bonification ni aux ouvriers des Établissements de la Guerre, ni aux cantonniers, ni aux agents non commissionnés de l'Imprimerie nationale;

(1) L'hésitation et les divergences qui se sont produites sur ce point résultent du manque de précision des termes « l'ancienneté exigée pour l'avancement ». Au cours des discussions de la Commission, on a demandé que le sens de cette expression soit mieux défini; la même idée avait été émise à la Commission interministérielle qui a préparé le décret du 6 septembre 1912; il y a été dit que « le mot avancement paraît devoir être réservé aux promotions régulièrement faites dans les cadres comportant une situation hiérarchiquement définie. »

on en donne aux ouvriers des P. T. T., aux ouvriers techniques des manufactures de l'État.

Constatons encore que le personnel des chemins de fer de l'État n'a pas bénéficié des bonifications précédentes. En fait, pour diverses raisons, notamment à cause du retard imposé dans leur avancement aux agents qui n'ont pas fait leur service, on a pensé qu'il y a incompatibilité entre les textes qui prévoient ces bonifications et l'organisation administrative du réseau, telle qu'elle résulte des dispositions de la loi du 13 juillet 1911 et de l'arrêté rendu en exécution de cette loi, loi et arrêté qui sont postérieurs à la législation de 1902-1903. Mais si juste que paraisse cette doctrine, on ne saurait oublier qu'un amendement présenté en 1913 par M. le sénateur Chabert (Annexes n°s 9 et 10) mentionnait explicitement les ouvriers des chemins de fer de l'État parmi les bénéficiaires des bonifications pour services militaires. La question est d'importance, car l'application des bonifications à cette catégorie d'agents coûterait, d'après une lettre de M. Claveille, directeur de l'administration des chemins de fer de l'État, en date du 23 août 1913, dix-huit millions environ, sans compter d'autres dépenses qui seraient à envisager.

Autre espèce : actuellement, les employées femmes ne concourent pas pour l'avancement avec les hommes aux P. T. T., ni à l'Instruction publique les institutrices avec les instituteurs. Mais si l'on améliore le sort des uns, les autres ne vont-elles pas faire ressortir la différence excessive des situations, et demander aussi un relèvement de traitement?

Puis, une fois le principe définitivement assis pour les agents de l'État, on voudra, avec la même logique rigide et absolue qui entraîne si loin des réalités et des possibilités, l'appliquer aux autres organismes qui sont plus ou moins sous la dépendance ou l'influence de l'État. L'amendement Chabert l'étendait aux fonctionnaires, agents, sous-agents des administrations départementales et communales, soit avant, soit après leur admission dans les cadres (Annexe n° 10). L'amendement Nègre, Razimbaud et Delhon l'étendait enfin aux employés des hôpitaux et des établissements de bienfaisance.

On voit combien les perspectives de dépenses sont étendues. En une telle situation et à l'heure présente, il ne faut pas oublier les intérêts du Trésor.

C. DISCUSSION DE LA QUESTION DES CHEVAUCHEMENTS.

Revenons maintenant au problème qui se pose spécialement aujourd'hui devant la Commission. Il s'agit de rechercher s'il est possible de supprimer ou tout au moins de réduire au minimum les chevauchements créés par la coexistence des législations de 1902 et de 1913, et s'il est nécessaire pour y parvenir de modifier les dispositions législatives ou réglementaires en vigueur, notamment l'article 5 de la loi du 7 août 1913 ou le décret du 11 novembre 1903.

VIII
Le problème actuel.
Les solutions passées
ne lient pas
pour l'avenir.

En examinant les solutions possibles, la Commission ne perdra pas de vue que le but unique visé par le législateur dans la question de l'imputation des services militaires est de rétablir, dans la mesure du possible, l'égalité entre réformés et anciens militaires ; que les mesures prises et les crédits votés jusqu'ici n'ont été que des moyens pour atteindre ce but. Il importe de ne pas confondre ces deux notions : les moyens et le but ; rien ne nous contraint à priori, dans les circonstances actuelles, et tant qu'il n'y aura pas une manifestation formelle de la volonté du Parlement, à tenir pour intangibles les moyens employés jusqu'ici, si d'autres méthodes peuvent conduire au même résultat. La question d'une certaine égalité à rétablir entre réformés et anciens militaires, et d'autre part la question d'avantages nouveaux à accorder aux fonctionnaires sont deux ordres d'idées absolument distincts : seul le Parlement a le droit de les lier, mais il ne faut pas tirer des conséquences trop hâtives de ce fait que précédemment il les a liés en quelque mesure.

Sans doute il ne faut pas tout subordonner à des questions de crédits ; cependant nul ne niera que la situation financière soit redoutable, et que toute dépense évitable doive être évitée.

Sans doute il faut tenir compte, dans la mesure où elles sont légitimes, des doléances des petits fonctionnaires ; cependant nul ne voudra confondre la question des améliorations de traitement (1) avec celle des militaires

---

(1) A la veille de la guerre tout un programme a été voté en faveur de certaines administrations (29,990,852 francs pour le personnel des P. T. T., dont 15,908,000 pour le

d'avant ou d'après, question que diverses administrations avaient jadis si bien résolue sans sacrifier aucun intérêt général.

Sans doute on peut tenir pour légitime l'attribution de certains avantages aux anciens militaires; cependant il sera bien permis de se demander si les réformés ne peuvent en faire un peu les frais dans l'avenir. Il sera bien permis dans un autre ordre d'idées d'hésiter à toujours reprendre en sous-main l'œuvre des prédécesseurs pour modifier sans cesse des situations acquises sous un régime que les fonctionnaires ont librement accepté, et de douter que, parce qu'on a institué le régime de trois ans, ceux qui n'ont passé que deux ans au régiment doivent en tirer un bénéfice.

IX
Conditions qui font naître les chevauchements. Leur traduction mathématique.

Pour exposer méthodiquement les solutions qui peuvent être envisagées, il est nécessaire d'examiner d'abord avec quelque détail les conditions dans lesquelles se produisent les chevauchements (1). Nous les avons examinées rapidement au début de ce rapport; rappelons-les et précisons-les.

Soit une administration où il faut normalement, pour obtenir un avancement déterminé, et abstraction faite de toute question de service militaire, passer dans les cadres un certain nombre moyen d'années. Désignons par S. T. U. le temps des Services Totaux Utiles, qui est ainsi requis et qui est formé soit par des années de services civils, soit par des années de Services Militaires Utiles, c'est-à-dire admis au décompte. Pour un réformé, S. T. U. ne comprend que des services civils; il est égal à leur durée.

Pour fixer les idées, prenons le cas de commis des contributions indirectes qui parcourent en onze ans le surnumérariat et les trois premières classes de commis. On a dans ce cas S. T. U. = 11.

---

traitement des agents; 4,665,000 francs pour le personnel des contributions indirectes, dont 4,580,000 francs pour les préposés et agents du service départemental; 2,239,660 francs pour le personnel des douanes).

(1) Il ne peut être question bien entendu que des chevauchements résultant de la coexistence du décret de 1903 et de la loi de 1913, et non de ceux résultant, dans chaque système qui sera envisagé, des règles du grand choix, du choix, de l'ancienneté. Ce sont là des questions d'ordre intérieur à chaque administration, qui les résoudra au mieux.

Or, dans une même promotion, 1911 par exemple, se trouvent deux commis A et B des classes 1913 et 1912.

Sous la législation actuelle, A fera 3 ans de *services militaires effectifs* (S. M. E.) qui, pour son avancement, seront 3 ans de *services militaires utiles* (S. M. U.). Il passera dans les cadres au titre des services civils un nombre d'années S. C. $= 11 - 3 = 8$.

B fera 2 ans de S. M. E. et aura un an de S. M. U. Il passera dans les cadres S. C. $= 11 - 1 = 10$ ans de services civils (1).

En conséquence, A et B obtiendront l'avancement envisagé dans les conditions suivantes :

	PROMO-TION.	CLASSE.	S. M. E.	S. M. U.	S. C. (11—S.M.U.)	TEMPS TOTAL pour l'avancement. (S. C. + S. M. E.)	ANNÉE de PASSAGE.
A...........	1911	1913	3	3	8	11	1922
B..........	1911	1912	2	1	10	12	1923

L'application de la législation actuelle fait passer A un an avant B de la même promotion; il y a chevauchement d'un an.

Veut-on éviter ce chevauchement? Il faut que le temps effectif total nécessaire pour l'avancement (services civils + services militaires *effectifs*) soit le même pour A et pour B, en d'autres termes que :

$$\overset{1913}{S. C.} + \overset{1913}{S. M. E.} = \overset{1912}{S. C.} + \overset{1912}{S. M. E.}$$

---

(1) Signification des notations adoptées : S. T. U, nombre total d'années de services utiles, civils et militaires, nécessaire pour obtenir un certain avancement; S. C. : nombre d'années passées dans les cadres civils pour obtenir cet avancement, et s'ajoutant au temps de services militaires utiles ; S. M. E.: nombre d'années de services militaires effectifs; S. M. U.: nombre d'années de services militaires utiles pour l'avancement; $\overset{12}{S. M. U.}, \overset{13}{S. M. U.}$, ces mêmes éléments pour la classe 1912 et pour la classe 1913.

Rapport Petit.   6.

et comme le temps de service dans les cadres S. C. est la différence entre le temps total de services utiles S. T. U. et le service militaire *utile* S. M. U.

$$\overset{13}{S.\,T.\,U.} - \overset{13}{S.\,M.\,U.} + \overset{13}{S.\,M.\,E.} = \overset{12}{S.\,T.\,U.} - \overset{12}{S.\,M.\,U.} + \overset{12}{S.\,M.\,E.}\,(1)$$

En tenant compte de ce que dans la législation en vigueur $\overset{13}{S.\,M.\,E.} = 3$ et $\overset{12}{S.\,M.\,E.} = 2$, on aboutit à **l'égalité fondamentale** :

$$\overset{13}{\textbf{S.\,T.\,U.}} - \overset{13}{\textbf{S.\,M.\,U.}} + \textbf{1} = \overset{12}{\textbf{S.\,T.\,U.}} - \overset{12}{\textbf{S.\,M.\,U.}}$$

C'est la traduction algébrique du résultat à obtenir.

X
Deux méthodes principales peuvent supprimer les chevauchements.

Quand l'égalité n'est pas vérifiée (et elle ne l'est pas dans la législation et dans la pratique actuelles, puisque $\overset{13}{S.\,T.\,U.} = \overset{12}{S.\,T.\,U.}$ et que d'autre part, $\overset{13}{S.\,M.\,U.} = 3$ et $\overset{12}{S.\,M.\,U.} = 1$), on peut la rétablir par l'une des méthodes ci-après :

1° On peut, sans toucher à la loi de 1913 ni au décret de 1903, modifier la durée du temps total des services utiles, S. T. U. (2).

2° On peut sans toucher à ce temps moyen total, modifier la durée utile des services militaires, S. M. U. [le temps de services militaires effectifs étant supposé rester le même après la guerre] (3).

---

(1) C'est la même condition pour éviter le concours, qui résulterait de la législation actuelle, entre deux fonctionnaires appartenant aux deux régimes 1903 et 1913 et de deux promotions consécutives : A, classe 1913, promu en 1912 et B, classe 1912, promu en 1911. On voit facilement que la condition pour éviter le concours est la même que ci-dessus :

	PROMO-TION.	CLASSE.	S. M. E.	S. M. U.	S. C. (11 − S.M.U.)	TEMPS TOTAL pour l'avancement. (S. C. + S. M. E.)	ANNÉE de PASSAGE.
B............	1911	1912	2	1	10	12	1923
A............	1912	1913	3	3	8	11	1923

(2) C'est la solution développée dans la note de M. Martin.

(3) Une troisième hypothèse théoriquement possible, la modification simultanée de ces deux éléments, paraît conduire à des résultats pratiquement inacceptables.

PREMIÈRE MÉTHODE.

Solution du problème des chevauchements par une modification du temps total des services utiles.

On ne touche pas à la durée utile des services militaires telle qu'elle est réglée aujourd'hui, à savoir : $S.\overset{13}{M}.U. = 3$ ans et $S.\overset{12}{M}.U. = 1$ an.

XI
Première méthode.
Modification
du temps de service
total nécessaire
pour passer.
(Tableau annexe n° 14.)

Alors l'égalité devient :

$$S.\overset{13}{T}.U. = S.\overset{12}{T}.U. + 1.$$

Actuellement, le temps moyen total de service nécessaire pour passer S. T. U. est le même pour toutes les classes et l'égalité est rompue.

On ne la rétablira qu'en modifiant $S.\overset{13}{T}.U.$ et $S.\overset{12}{T}.U.$ de quantités dont la différence algébrique soit égale à $+1$. Comme cas particuliers simples, on peut :

1° Soit diminuer $S.\overset{12}{T}.U.$ de 1 sans changer $S.\overset{13}{T}.U.$

2° Soit augmenter $S.\overset{13}{T}.U.$ de 1 sans changer $S.\overset{12}{T}.U.$

3° Soit augmenter $S.\overset{13}{T}.U.$ de 2 en augmentant $S.\overset{12}{T}.U.$ de 1.

4° Soit augmenter $S.\overset{13}{T}.U.$ de 1/2 en diminuant $S.\overset{12}{T}.U.$ d'autant.

Le premier système conduit à diminuer d'une année la durée du temps total des services utiles pour les fonctionnaires des classes antérieures à 1913 qui ont eu des hommes de la classe 1913 dans leur promotion.

XII
Premier système.
Diminuer d'un an
S. T. U. pour
certaines classes
antérieures à 1913.

Le tableau précédent (page 21) devient alors :

	PROMO-TION.	CLASSE.	S. M. E.	S. M. U.	S. C.	TEMPS TOTAL pour l'avancement. (S. C. + S. M. E.)	ANNÉE de PASSAGE.
A............	1911	1913	3	3	11 − 3 = 8	11	1922
B............	1911	1912	2	1	10 − 1 = 9	11	1922

Le chevauchement est ainsi évité entre les fonctionnaires des classes 1913 et antérieures dans une même promotion.

Mais ce système ne fait que reculer la difficulté : le chevauchement d'une année, évité à l'intérieur d'une même promotion pour celles qui comprennent des agents appartenant à la classe 1913, n'est nullement supprimé si l'on considère une promotion n'en comprenant pas.

Le fait résulte clairement de ce que ce système accélère d'un an l'avancement qui avant la loi de 1913 dans l'exemple ci-dessus se faisait après douze ans, et qui dans le nouveau système se ferait après onze ans, à partir des premières promotions comprenant des hommes de la classe 1913.

	PROMO-TION.	CLASSE.	S. M. E.	S. M. U.	S. C.	TEMPS TOTAL pour l'avancement. (S. C. + S. M. E.)	ANNÉE de PASSAGE.
A............	1911	1913	3	3	11 − 3 = 8	11	1922
B............	1911	1912	2	1	10 − 1 = 9	11	1922
C............	1910	1912	2	1	11 − 1 = 10	12	1922

Ainsi les fonctionnaires de la promotion 1911 viendraient en concours avec ceux de la promotion 1910 : les chevauchements de promotions qu'on veut éviter ne seraient que déplacés.

Pour les faire disparaître, il faudrait faire remonter cette réduction du temps total des services utiles, — autrement dit cette accélération de l'avancement, — de proche en proche à toutes les classes antérieures. Or, pour les classes anciennes, cela paraît impraticable.

Le second système conduit à augmenter d'une année le temps total des services utiles pour les classes 1913 et suivantes.

Le tableau précédent devient alors :

XIII
Deuxième systèma.
Augmenter d'un an
S. T. U. pour
les classes 1913
et suivantes.

	PROMO- TION.	CLASSE.	S. M. E.	S. M. U.	S. C.	TEMPS TOTAL pour l'avancement. (S. C. + S. M. E.)	ANNÉE de PASSAGE.
A...........	1911	1913	3	3	$12-3=9$	12	1923
B...........	1911	1912	2	1	$11-1=10$	12	1923

Tout chevauchement est ainsi évité, puisque le temps nécessaire au passage reste le même que si la loi de 1913 n'était pas intervenue. Les intéressés ne manqueront pas de dire qu'on leur reprend d'une main ce qu'on leur a donné de l'autre et que rien ne sert de compter intégralement les services militaires pour l'avancement si l'on recule celui-ci d'une durée égale à une partie des premiers.

Observation sur les deux systèmes précédents. — Une remarque s'impose au sujet de ces deux premiers systèmes. Alors que la loi de 1913, en portant de deux à trois ans la durée des services militaires, a imposé à tous les Français un retard d'un an dans leurs études, dans l'installation de leurs entreprises quelles qu'elles soient, les fonctionnaires échapperaient ainsi à la règle commune : dans le premier système, leur avancement serait accéléré; dans le second, il serait maintenu.

Ce bénéfice serait une de ces conséquences accessoires, parasites pour ainsi dire, non du but poursuivi qui est l'atténuation de l'inégalité entre réformés et anciens militaires, mais du moyen envisagé pour l'atteindre. Il rentre dans ces avantages nouveaux dont il a été question ci-dessus et dont la légitimité est fort contestable.

D'autre part, en réduisant (de deux ans dans le premier système, de un an dans le second) la durée des services civils (S. C. = 8 ou 9 au lieu de 10), il en résulterait nécessairement une augmentation de dépenses.

Ajoutons que de toute façon il en résultera un certain abaissement du niveau de l'instruction dans les administrations. Pour la bonne exécution des services civils, huit ans de présence (loi de 1913) et onze ans de présence (régime des réformés) ne se comparent pas, et cela pour plus d'une raison.

XIV
Autre système.
Augmenter
de deux ans
le temps nécessaire
au passage
pour les classes 1913
et suivantes
et l'augmenter
simultanément
d'un an
pour les classes
antérieures.

On peut remédier aux chevauchements sans dépenses nouvelles, sans accroissement des avantages aux anciens militaires, en augmentant d'une année $\frac{12}{S.\,T.\,U.}$ et de deux années $\frac{13}{S.\,T.\,U.}$

Le tableau précédent se modifie de la sorte :

PROMO-TION.	CLASSE.	S. M. E.	S. M. U.	S. C.	TEMPS TOTAL pour l'avancement. (S. C. + S. M. E.)	ANNÉE de PASSAGE.
A............ 1911	1913	3	3	13—3=10	13	1924
B............ 1911	1912	2	1	12—1=11	13	1924

De la sorte, A et B passeraient tous deux la même année. Ce serait, si l'on ne tenait pas compte des circonstances actuelles et sans les mesures transitoires dont il va être question, en 1924, soit avec un retard d'un an sur les conditions qui auraient résulté de l'application du décret de 1903, de deux ans sur celles de la loi de 1913. Cette solution soulève des objections, car elle semble empirer les conditions générales d'avancement; mais cette péjoration est peut-être plus apparente que réelle car les conditions dans lesquelles se produisent actuellement les vacances sont, hélas! très anormales, et les vides qui surviennent corrigeront largement en pratique ce que le système aurait de fâcheux en théorie.

XV
Les inconvénients
de ce
dernier système
peuvent être
atténués
par des mesures
transitoires.

Ce n'est pas en réalité en 1924 que le passage aurait lieu si le système précédent était admis. Il faudra corriger ce système par des mesures que nécessitera la guerre. Il sera aisé sans doute de justifier par les événements des mesures transitoires qui établiront un palier entre les deux régimes et faciliteront le passage de l'un à l'autre. Grâce à ces mesures, l'avancement se maintiendra au niveau actuel pour les promotions voisines de 1913.

Voyons tout d'abord ce qui concerne les administrations où n'existe pas l'avancement automatique.

Pour toutes les classes jeunes, l'avancement subira une accélération, malheureusement très sensible, du fait des événements. Il faut tenir compte des vides creusés dans les rangs, et dont la classe 1913, la plus jeune, et les suivantes profiteront dans toute la mesure des crédits disponibles. Cette cause d'avancement, si douloureuse mais si manifeste, sur laquelle la classe 1913 ne pouvait compter et qui ne saurait lui créer des droits, lui fera gagner un an sans doute, peut-être davantage, et lui procurera un avancement sensiblement égal à celui des classes antérieures.

Les promotions à venir en bénéficieront aussi, dans des proportions décroissantes ; une transition sans à-coups trop sensibles s'établira ainsi entre les deux régimes.

D'ailleurs ces promotions à venir connaîtront, au moment du concours, les conditions nouvelles d'avancement, lesquelles feront partie du contrat qui interviendra alors entre l'État et elles, et le fait de se présenter au concours impliquera leur adhésion à ces conditions.

L'objection la plus grave peut-être est celle-ci : à moins qu'il ne soit possible de le répartir sur un certain nombre de classes, cet allongement du temps total utile nécessaire pour obtenir un certain avancement aura pour effet d'augmenter le stage dans la classe de début où les traitements sont les plus faibles.

Mais les questions ne doivent pas être mêlées. Les crédits que nécessiterait l'adoption de tout autre système et dont celui-ci ferait l'économie pourront être, le moment venu, employés d'une façon mieux justifiée et plus utile à relever les traitements des classes de début, si le Parlement croit devoir examiner ce problème nouveau qui ne laisse pas d'être fort préoccupant.

Quant aux Administrations qui ont l'avancement automatique en droit ou en fait, l'argumentation qui précède n'est valable que si cet avancement est subordonné aux vacances et aux crédits; elle cesse de l'être dans les Administrations où l'avancement est rigoureusement dû à des échéances préfixées, sans être influencé par les vacances qui se produisent dans les cadres.

Mais il ne serait peut-être pas impossible, avec quelque bonne volonté, d'arriver au même résultat. Soit par des décisions d'espèce, lorsque l'avancement automatique résulte de l'usage, soit en vertu d'un texte à étudier, lorsqu'il est de droit strict, on peut imaginer que le temps actuellement nécessaire pour l'avancement soit modifié d'une certaine durée. Des avancements exceptionnels seraient faits de manière à gagner les quelques mois nécessaires pour que l'allongement du temps des services utiles fût sans influence sensible sur la carrière des promotions entrées sous le régime antérieur, qui, sans avoir formellement un droit acquis aux règles d'avancement en vigueur lors de leur entrée dans les cadres (1), devraient cependant, équitablement, bénéficier de certains ménagements.

XVI
Cas des réformés dans les systèmes précédents.

Ce n'est que pour les réformés des classes 1913 et suivantes que le temps à passer dans les cadres serait effectivement augmenté par rapport aux réformés des promotions antérieures.

Toutefois ils seraient mal venus à se plaindre. Dans toutes les administrations où les promotions sont subordonnées aux vacances, l'avancement subit des à-coups, et les conditions en sont plus ou moins favorables suivant les périodes. D'autre part, il est incontestable que les réformés des classes antérieures à 1913 ont bénéficié d'avantages indus, de véritables privilèges pour lesquels il ne saurait y avoir, en faveur des promotions ultérieures, de droits acquis, et il ne saurait être question d'étendre ces avantages vraiment illégitimes aux réformés des classes 1913 et suivantes.

Au surplus, l'idée s'est déjà manifestée dans le Parlement de marquer une différence entre ceux qui ont fait leurs trois ans de service et les réformés, par un retard de ceux-ci par rapport à ceux-là.

Ce retard a pu parfaitement se défendre en temps de paix (discours de M. Chabert au Sénat), et l'argumentation prend une force particulière dans les circonstances actuelles si l'on songe à la différence de situation entre les hommes qui sont au feu et ceux qui sont restés dans les bureaux.

Il faut ajouter que la jurisprudence du Conseil d'État, dont la Haute Assemblée vient encore de faire une application, s'accorde avec les vues qui précèdent. Elle décide que « les droits aux avantages résultant pour les fonctionnaires d'une réglementation faite par des décrets et des arrêtés ministériels sont subordonnés au maintien de ces décrets ou arrêtés, et

---

(1) Voir au paragraphe suivant la jurisprudence du Conseil d'État.

qu'en l'absence d'une disposition législative ayant statué sur cet objet, l'organisation fixée par un décret peut valablement être modifiée par un décret ultérieur... » (Arrêt du 11 juin 1909, Lebon, p. 575.)

La méthode qui consiste à changer S. T. U. pour certaines classes a l'avantage de n'impliquer aucune modification à la loi de 1913 (1), dont elle respecte les termes.

XVII
La méthode
modifiant S. T. U.
n'est pas
en désaccord
avec la loi de 1913.

Elle pourrait même se défendre dans l'esprit de cette loi.

La seule justification de l'article 5 qui ait été donnée, soit dans le rapport de M. Doumer au Sénat (Annexe n° 11), soit au cours de la discussion de l'amendement Chabert au Sénat (Annexe n° 12), est le désir de remédier, dans la mesure du possible, aux inégalités d'avancement entre réformés et anciens militaires, inégalités que la loi de trois ans allait accentuer si le décret de 1903 était appliqué aux nouvelles classes.

En conséquence, il était nécessaire que la troisième année de service militaire fût comptée comme passée dans les cadres. Mais le texte voté est allé plus loin : par une disposition que n'appelait pas logiquement la loi militaire, les deux autres années doivent être comptées entièrement pour le calcul de l'ancienneté, au lieu de ne l'être que pour moitié, comme elles le sont aux classes antérieures.

En même temps, d'après une déclaration non accidentelle et improvisée, mais — formelle et de principe — faite au nom du Gouvernement par le Ministre des Finances au moment du vote (Annexe n° 13), il était entendu que la loi ne serait pas rétroactive et ne s'appliquerait qu'aux hommes ayant fait trois ans de service sous le futur régime.

On se trouve ainsi en présence de deux principes : 1° il faut atténuer les inégalités d'avancement entre fonctionnaires; 2° il ne doit pas être fait d'application rétroactive de la loi de 1913. Comment sans rétroactivité éviter des inégalités nouvelles, si on ne modifie rien dans les systèmes d'avancement ?

Du reste, s'il est possible de donner au texte voté une interprétation

---

(1) Cette loi pourrait cependant être complétée par une disposition donnant le plein des services militaires à tous les agents des promotions comprenant des jeunes gens des classes 1913 et suivantes. (V. *Supra*, § XIV.)

qui soit d'accord avec les principes, il semble que, dans le doute où laisse l'absence de commentaire précis au Parlement, on soit tenu d'adopter cette solution tant que le Parlement n'aura pas exprimé une volonté contraire, et en particulier tant qu'il n'aura pas voté de crédits pour procéder autrement.

S'il est conforme au vœu du législateur d'appliquer la loi de 1913 aux classes 1913 et suivantes de telle sorte que leurs trois années de service militaire soient comptées entièrement, comme des années de service civil, et cela dans des conditions telles que ce décompte ne préjudicie pas aux promotions antérieures, rien ne défend d'augmenter de la durée nécessaire leur temps de service dans les cadres. La bonne marche des administrations recommande ce procédé au même titre que le souci d'une bonne gestion des deniers publics ; le but d'égalité serait atteint sans chevauchements, et sans dépenses inutiles.

On sait que les administrations de la Guerre et des Finances étaient d'avis en 1913, lors de l'élaboration de la loi, de laisser les choses en l'état, et que, si elles ne se sont pas opposées à l'amendement qui est devenu l'article 5, c'est dans le seul dessein de ne pas retarder le vote d'une loi considérée comme indispensable à la défense nationale.

L'application d'un tel régime exigerait une loi pour les agents des services où l'avancement est réglé par une loi (Ministère de l'Instruction publique). Une disposition législative sera nécessaire en toute hypothèse pour ce Ministère. Pour les autres administrations, l'application de ce régime se ferait par des décrets ou par des arrêtés ministériels.

Avant d'aborder la deuxième méthode, nous mentionnerons sans nous y arrêter le système qui consisterait à augmenter d'un certain temps, six mois par exemple, la durée totale des services utiles pour la classe 1913, et à la réduire d'autant pour la classe 1912. Ce système conduirait à des résultats analogues à ceux du premier système : il y aurait un chevauchement de la classe 1911 (pour suivre l'exemple adopté) sur la promotion 1910 ; mais ce chevauchement serait réduit à six mois.

(Voir l'annexe n° 14 donnant un tableau d'ensemble des chevauchements dans les différents systèmes déjà envisagés, c'est-à-dire se rattachant à la première méthode.)

DEUXIÈME MÉTHODE.

Solution du problème des chevauchements par une modification du temps des services militaires utiles.

Dans la seconde méthode dont nous abordons l'étude, le temps total de service reste le même qu'aujourd'hui; on rétablit l'égalité rompue par la loi de 1913 en modifiant la durée utile des services militaires.

En faisant $\overset{13}{S.T.U.} = \overset{12}{S.T.U.}$, comme aujourd'hui, l'égalité fondamentale du paragraphe IX devient :

$$\overset{13}{S.M.U.} = \overset{12}{S.M.U.} + 1$$

Actuellement, $\overset{13}{S.M.U.} = 3$, $\overset{12}{S.M.U.} = 1$: l'égalité n'est pas satisfaite.

Le système actuel (coexistence de la loi de 1913 et du décret de 1903) aboutit en effet, comme on sait, à un chevauchement d'un an de la classe 1913 sur la classe 1912, sans chevauchement entre elles pour les autres classes.

S.T.U. restant constant, on peut rétablir l'égalité :

1° Soit en augmentant $\overset{12}{S.M.U.}$ de 1 sans changer $\overset{13}{S.M.U}$;

2° Soit en diminuant $\overset{13}{S.M.U.}$ de 1 sans changer $\overset{12}{S.M.U}$;

3° Soit en augmentant $\overset{12}{S.M.U.}$ et en diminuant $\overset{13}{S.M.U.}$ d'une même quantité égale à six mois, ou d'une façon générale en les modifiant l'un et l'autre de quantités dont la différence algébrique soit égale à l'unité.

Le premier système conduit à porter à deux ans pour la classe 1912 la bonification d'un an accordée par le décret de 1903.

Pour cette classe le temps de service militaire utile devient ainsi égal au temps de service militaire effectif.

Rapport Petit.

XVIII
Deuxième méthode.
Modification du temps des services militaires utiles.
(Voir tableau, Annexe n° 15.)

XIX
Premier système.
Bonifier la totalité des services militaires.
Rétroactivité complète du principe de la loi de 1913.

9

Mais alors, pour que la classe 1912 ne chevauche pas sur la classe 1911, la même mesure devra être prise pour celle-ci, et ainsi de suite, de proche en proche.

En d'autres termes, pour tous les fonctionnaires, quels que soient leur âge et leur classe, le temps des services militaires utiles se confondra avec celui des services militaires effectifs, et la bonification nécessaire leur sera allouée.

C'est le système de la rétroactivité complète du principe de la loi de 1913 (Annexe n° 15, A).

XX
Objections
au système
de la rétroactivité
complète.

A

Déclaration
du Gouvernement.
Loi de 1913,
non rétroactive.

B

Difficultés
d'application.

Il faut rappeler d'abord que ce système est en opposition absolue avec la déclaration formelle et de principe faite, au moment du vote de l'article 5 de la loi de 1913 au Sénat, par le Ministre des finances, au nom du Gouvernement. Il était entendu que la loi ne serait pas rétroactive et ne s'appliquerait qu'aux hommes ayant fait trois ans de service sous le futur régime (Annexe n° 13).

D'autre part, il semble que ce système se heurte aux objections et aux difficultés les plus graves, au point de vue de son application même et au point de vue financier.

Pratiquement, l'application du principe de la rétroactivité complète aboutirait à des conséquences profondément injustes. Il faudrait, pour ne pas retomber, à un moment donné, dans les inégalités auxquelles on cherche à remédier, l'appliquer même aux classes les plus anciennes. Sans doute, la plupart des fonctionnaires de ces classes n'avancent plus qu'au choix; mais certaines catégories d'agents : les conducteurs, commis et agents techniques des Ponts et Chaussées, par exemple, avancent à l'ancienneté dans tout le cours de leur carrière. Alors, selon qu'ils seraient du régime des lois de 1872, de 1889 ou de 1905, on allouerait à ces fonctionnaires avançant à l'ancienneté une bonification brusque, variable de l'un à l'autre, pouvant aller jusqu'à cinq ans.

Si aujourd'hui la difficulté n'apparaît plus à première vue, c'est que l'uniformité du régime actuel fait oublier la complexité des situations créées par les régimes antérieurs.

Sous la loi de 1872, la durée du service était théoriquement de cinq ans, d'un an ou de six mois. Il y avait en outre des dispensés astreints cependant à certains exercices militaires en temps de paix, de durée non déterminée (soutiens de famille, par exemple). Il y avait encore des dispensés exempts de tout service (élèves ecclésiastiques et membres du corps enseignant). Il y avait enfin des engagés conditionnels d'un an.

En pratique, la complication était bien autre.

La loi de 1872 n'a jamais été exactement appliquée. Tous les Ministres de la guerre ont usé des libérations anticipées de classes, des appels retardés, des congés multipliés. En présentant la loi de 1889 aux Chambres, le Ministre de la guerre disait : « Sous la loi de 1872, 5/10 de la portion valide du contingent servent actuellement de trois ans et demi à quatre ans, 3/10 un an au moins, 2/10 ne sont pas exercés ».

Sous la loi de 1889, la durée du service, de trois ans en principe, était réduite à un an pour les soutiens de famille. les diplômés, les universitaires. Une portion du contingent pouvait être renvoyée au bout d'un an d'après l'effectif budgétaire.

Une première recherche devra donc être faite pour chaque fonctionnaire individuellement afin de connaître la durée effective de ses services militaires. Ce ne sera là qu'une première difficulté.

Il faudra déterminer ensuite dans quelle mesure il a déjà été tenu compte matériellement de ces services.

Le Conseil d'État, lors de l'élaboration du décret de 1903, s'est immédiatement aperçu de l'impossibilité d'appliquer une règle uniforme rétroactivement aux classes anciennes. Il a rappelé à ce sujet, dans le rapport où il a exposé les principes qui l'ont guidé, que la situation différait suivant chaque administration, qu'il y avait lieu par suite de laisser à chacune d'elles le soin de prendre pour le passé les mesures qu'elle jugerait les meilleures.

Il en est résulté dans chaque service des règlements différents et des bonifications variables qu'il faudra déterminer individuellement aujourd'hui (1).

(1) Déjà en 1893, alors que la situation était bien moins complexe qu'aujourd'hui, le Ministre du commerce disait à la tribune : « Comment a-t-on pu établir pour des agents dont

La difficulté s'accroît encore si l'on songe que, avant 1903, on a sans aucun doute tenu compte aux agents, dans une certaine mesure, de leur services militaires. Cette idée d'équité, dont certaines administrations du Ministère des finances avaient, dès 1874, 1893 ou 1899, réglé l'application par voie de circulaires ou d'arrêtés, d'autres administrations certainement l'appliquaient sans qu'un texte le leur imposât. Comment savoir aujourd'hui, pour chaque agent, dans quelle mesure les services militaires lui ont été ainsi comptés? Dans l'impossibilité où l'on se trouve d'y parvenir, veut-on les lui compter une seconde fois?

Admettons même que, pour chaque agent, on puisse déterminer précisément la bonification qui va lui être allouée et qui variera peut-être de zéro à soixante mois: que l'on s'imagine le bouleversement des promotions anciennes qui en résultera, le mélange complet des cadres, la revision générale des situations acquises, le chassé croisé de fonctionnaires qui depuis dix, vingt, trente ans et plus ont envisagé leur carrière sous un aspect déterminé, ont cristallisé cet aspect dans leur esprit, en ont fait dépendre toutes leurs conditions d'existence, et qu'on va, au hasard de circonstances anciennes, avancer ou retarder parfois peut-être de plusieurs années en mêlant les rangs et les promotions.

On peut ajouter accessoirement que le système de la rétroactivité du principe de la loi de 1913 aurait cet effet d'améliorer dans des conditions inespérées, et peut-être fort discutables, le traitement d'agents anciens, de rang hiérarchique élevé.

C
Conséquences financières.

Il n'est pas sans intérêt de chiffrer approximativement la dépense, considérable à coup sûr, qu'entraînerait la rétroactivité complète.

Des renseignements ont été établis par les différents ministères; mais les chiffres fournis ne peuvent être tenus pour rigoureux; les méthodes de calcul et les hypothèses, d'où ils résultent, ont varié d'un Département à l'autre. Pour le Ministère de l'instruction publique notamment,

---

quelques-uns ont dix, quinze, vingt ans de services, d'autres vingt-cinq, trente-cinq, et jusqu'à quarante ans de services, dans quelles mesure et dans quelle proportion leur passage sous les drapeaux a pu nuire à leur carrière?» (Sénat, débats, *J. O.*, 19 juillet, page 1893.)

on ne dispose que des évaluations données par M. Lesage *sous les plus expresses réserves*, dans la séance du 26 mai.

A la demande de renseignements plus précis qui a été adressée le 8 août 1916 au Ministère de l'instruction publique, en même temps qu'aux autres Départements, il ne semble pas qu'on ait répondu.

Quoi qu'il en soit, la Commission dispose d'une première approximation de la dépense, qui mérite d'être retenue.

En admettant que la rétroactivité complète ne s'applique qu'aux agents qui ont aujourd'hui l'avancement automatique, en dehors de toutes prévisions pour les réclamations qui pourront se produire chez les autres agents exclus des mêmes avantages, les dépenses prévues par les différents Ministères pour la rétroactivité complète font un total qui dépasse 13 millions.

A cette dépense une fois faite, concernant le passé, il faudra, bien entendu, ajouter la dépense annuelle que nécessitera l'application de la loi de 1913. D'après les mêmes renseignements, elle s'élèverait à 1,500,000 francs environ.

On peut chercher à corriger ce que la rétroactivité complète a d'excessif.

XXI
Atténuations
dans l'application
du premier système
La rétroactivité
restreinte.

En 1903, le Conseil d'État avait suggéré plusieurs mesures de cette nature, pour la période antérieure au décret qu'il venait de rédiger: « Édicter que ceux des fonctionnaires qui auront déjà franchi certaines classes n'auront rien à réclamer; ou bien encore limiter la période jusqu'à laquelle il sera permis de remonter dans le passé pour tenir compte des faits antérieurs à la promulgation du décret... » (Rapport Jagerschmidt, page 22). Mais le Conseil d'État n'avait pas cru possible d'établir un texte uniforme pour régler les situations antérieures les plus diverses; les solutions qu'il indiquait ne pouvaient et ne pourraient encore être appliquées que par chaque administration, suivant les modalités propres à chacune d'elles.

Dans le même ordre d'idées, M. Chaperon a suggéré incidemment d'accorder un rappel uniforme d'une année à tous les anciens militaires, quel que soit le régime sous lequel ils ont servi. Cette bonification serait toutefois réduite à six mois pour les agents n'ayant accompli qu'une année de services militaires.

Évidemment ces correctifs simplifient beaucoup le système et peuvent rendre pratiquement applicable le principe de la rétroactivité. Mais on perd en équité ce que l'on gagne en facilité d'exécution. Les périodes de services n'ont pas été seulement de cinq ans, de trois ans et de deux ans. On a déjà dit qu'il y en a eu, sous la loi de 1872, de toutes les durées entre cinq ans et quelques semaines ; il y a des agents qui n'ont fait aucun service et pour ceux-là des déclassements vont se produire.

C'est un principe d'égalité qu'on poursuit, et l'on va mélanger les rangs et les promotions anciennes sans même réussir à l'atteindre.

Un fonctionnaire qui aura fait un ou deux ans de services regagnera la moitié de son temps ; celui, plus désavantagé, qui en aura fait trois ou cinq n'en regagnera qu'un tiers ou un cinquième. Actuellement ces inégalités sont acquises, adoucies par leur ancienneté même, souvent par le compte qu'on a pu en tenir pour les avancements passés ; ne risque-t-on pas de les irriter en voulant les adoucir encore ?... Il est périlleux, pour atténuer une inégalité entre les classes les plus jeunes, d'atteindre les classes anciennes par répercussion ; on provoquera infailliblement des mécontentements, on suscitera des prétentions nouvelles, et, aussitôt la mesure appliquée, on se trouvera en présence de difficultés tout aussi complexes qu'auparavant.

Au point de vue financier, la restriction du temps bonifié ne procurerait sans doute qu'une économie peu importante, puisque cette restriction ne s'appliquerait qu'aux classes les plus anciennes, c'est-à-dire à un nombre d'agents relativement faible parmi ceux à qui la rétroactivité ouvrirait un droit aux bonifications.

Quel que soit le procédé employé pour atténuer les effets de la rétroactivité, qu'on se range aux suggestions du Conseil d'État en 1903 ou à toute autre, on se heurtera à la même quasi-impossibilité : on ne peut appliquer une règle unique à toutes les situations sans les compliquer ou les bouleverser, sans créer des déclassements inattendus, sans provoquer les plaintes des agents laissés en dehors du bénéfice de la réforme.

XXII
Deuxième système!
Réduire à 2 ans
S. M. U.
pour les classes 1913
et suivantes.

Le second système, rétablissant l'égalité $\overset{13}{S. M. U.} = \overset{12}{S. M. U.} + 1$ et supprimant par suite tout chevauchement, consiste à diminuer d'une unité $\overset{13}{S. M. U.}$ sans modifier $\overset{12}{S. M. U.}$ (que l'on relevait au contraire d'une unité dans le système précédent, ce qui conduisait à la rétroactivité complète). Ainsi $\overset{12}{S. M. U.}$ conserve sa valeur 1, mais $\overset{13}{S. M. U.}$ n'a plus que la valeur 2, au lieu de la valeur 3 que semble bien lui avoir donnée la loi de 1913 (Annexe n° 15, B).

En d'autres termes, les trois ans de services militaires des classes 1913 et suivantes n'équivaudraient pour l'avancement qu'à deux années passées dans les cadres. C'est le système qu'a proposé M. Lesage.

Cette solution présente cet inconvénient de faire revenir sur les avantages accordés par la loi de 1913. Mais l'objection est-elle bien décisive? On présentera à cet égard les remarques ci-après:

1° Dans tout autre système que celui qui consisterait à allonger, pour les classes 1913 et suivantes, le temps total des services utiles, il faudra une loi pour supprimer ou atténuer les inégalités créées par la loi de 1913;

2° Il fut admis que l'article 5 devait être modifié dès le jour même où il fut voté. Cet article reproduit sans aucun changement un amendement adopté sans débat à la Chambre et après une courte discussion au Sénat. On sait que le Gouvernement n'a renoncé, comme l'ont expliqué les Ministres des finances et de la guerre, à demander les modifications nécessaires, que pour ne pas retarder le vote de la loi. On sait aussi que le rapporteur au Sénat, M. Doumer, a déclaré qu'à ce texte il y aura lieu d'apporter des retouches, de mettre au point la législation en ce qui concerne le calcul de l'avancement des fonctionnaires ayant accompli leur service militaire;

3° En dehors même de la question des chevauchements, l'article 5, conçu en termes généraux, imprécis, trop vagues et trop compréhensifs, devrait être remanié. Ainsi, en s'en tenant à la lettre de l'article 5, les militaires rengagés ou commissionnés pourraient exiger qu'on leur tînt compte de leur temps de service dépassant le temps obligatoire, même si ces services sont rétribués par une pension ou par un emploi civil. Peut-on cependant admettre qu'ils franchissent en bloc, le jour de leur admission dans les cadres, deux ou trois classes ou échelons de la hiérarchie? L'exagération est manifeste.

Ainsi encore et en s'en tenant toujours au sens littéral, les militaires d'avant pourraient bénéficier des dispositions de la loi, quel que soit le temps qui se sera écoulé entre leur libération et leur entrée dans les cadres, ce temps fût-il de dix ou de vingt ans. Ici encore cette conséquence est inadmissible.

Si, sur des points spéciaux, une restriction à l'article 5 s'impose et s'il faut modérer certains avantages que les intéressés ne peuvent vraiment tenir pour définitifs, on peut de même proposer sur d'autres points des changements à une rédaction qui crée de graves inégalités, étant rappelé au surplus que le Gouvernement a exclu formellement la rétroactivité de la loi.

D'ailleurs, en droit strict, la seule catégorie de fonctionnaires à qui la loi de 1913 a réellement donné des avantages nouveaux, donnant lieu à ouverture d'un supplément de crédits, c'est celle des fonctionnaires dont la loi même a réglé l'avancement automatique. Pour tous les autres fonctionnaires, la diminution du temps des services militaires utiles n'aurait d'autre effet que de ne pas leur donner une situation supérieure à celle de leurs aînés.

Il paraît nécessaire de revenir ici encore, alors que la question de la modification de la loi de 1913 se pose, sur quelques considérations déjà indiquées.

La conséquence logique qui découle de la loi de trois ans, la seule voulue, selon toute vraisemblance, lors du vote de l'article 5, est d'éviter aux fonctionnaires des classes 1913 et suivantes le retard que devait apporter dans leur carrière l'accomplissement d'une année supplémentaire de service militaire. Mais le Parlement n'avait sans doute pas l'intention de favoriser ces classes au préjudice de leurs aînées en faisant chevaucher celles-là sur celles-ci.

D'autre part, le Gouvernement a déclaré formellement que les avantages concédés aux classes 1913 et suivantes ne le seraient pas aux précédentes.

Dans ces conditions, pour atteindre le but du législateur et faire disparaître les inégalités, il suffirait de considérer comme passée dans les cadres la troisième année de service, le décret de 1903 restant applicable aux deux premières qui ainsi ne donneraient droit qu'à une bonification d'un an, comme aux classes antérieures. En d'autres termes, le service militaire des agents des classes 1913 et suivantes se diviserait en deux parties : la première période de deux ans, égale au temps passé sous les drapeaux par tous les fonctionnaires des classes 1905 à 1912, ne serait bonifiée que pour moitié; la seconde, correspondant à l'année supplémentaire imposée par la loi nouvelle, serait au contraire comptée intégralement. Le vœu du législateur serait ainsi respecté, et tout chevauchement, toute inégalité nouvelle évités.

Toutefois, il faut remarquer que ce système n'accorde que 24 mois de services militaires utiles à la classe 1913, alors que les hommes de cette classe, incorporés en novembre 1913, ont, sur leurs 3 ans, fait 27 mois de guerre. Cette solution n'est pas contraire à la lettre de la loi du 5 août 1914 qui ne vise que l'allocation des traitements pendant la guerre; mais elle est contraire à la pratique qui semble avoir été suivie par les administrations, de considérer tout le temps de guerre comme comptant pour l'avancement.

En fait, ce désavantage de trois mois qui, encore une fois, ne violerait aucun texte, et même la réduction à deux ans du temps des services militaires utiles, pourraient être compensés par l'accélération à l'avancement qui résultera de la guerre et des vides qu'elle aura creusés. La classe 1913 sera celle qui bénéficiera le plus de cette accélération à laquelle, comme il a été dit (§ XV), elle ne pouvait s'attendre et à laquelle elle n'a aucun droit acquis. Cette circonstance doit en toute équité profiter à la collectivité, et non à un petit nombre de fonctionnaires.

Des deux systèmes exposés, qui suppriment complètement les chevauchements, le premier exige la modification du décret du 11 novembre 1903 et bonifie à toutes les classes antérieures à 1913 la totalité

XXIII
Troisième système.
Modifier S. M. U.
pour
toutes les classes.

de leur temps de services militaires (rétroactivité complète); le second exige la modification de la loi du 7 août 1913 et ne bonifie que deux ans au lieu de trois aux classes 1913 et suivantes. On peut imaginer des systèmes intermédiaires qui, modifiant à la fois le décret de 1903 et la loi de 1913, bonifieraient de un à deux ans dans l'ancien régime, de deux à trois ans dans le nouveau, de telle manière que l'égalité $\overset{13}{S.M.U.} = \overset{12}{S.M.U.} + 1$ fût vérifiée, ce qui supprimerait encore tout chevauchement au moins jusqu'à des promotions assez anciennes.

Le plus simple de ces systèmes intermédiaires consiste à bonifier un an 1/2 dans l'ancien régime, et 2 ans 1/2 dans le nouveau (Annexe n° 15, C).

L'avantage de ce système par rapport au précédent est de diminuer de six mois l'écart entre la durée du service militaire effectif et celle du service militaire utile. Mais, tout en les réduisant un peu, il conserve les inconvénients des deux systèmes précédents : il présente les mêmes complications que la rétroactivité complète et, comme elle, impose de lourdes charges; il restreint les avantages résultant du texte littéral de la loi de 1913.

On n'insistera pas davantage sur cette combinaison.

———

MÉTHODES DIVERSES.

tendant à étaler les chevauchements

sur plusieurs classes.

————

Les systèmes qui précèdent semblent donner, sauf peut être pour des situations exceptionnelles difficiles à prévoir dans ces questions complexes, une solution complète du problème, en ce sens qu'ils paraissent *supprimer* les chevauchements.

Mais on peut concevoir des solutions approchées qui se bornent à *réduire* les chevauchements dans une certaine mesure en les répartissant sur plusieurs classes. Ces solutions approchées peuvent être cherchées, comme celles qui viennent d'être exposées, soit dans une restriction de la loi de 1913, soit dans d'autres combinaisons.

Parmi les systèmes qui tendent à une restriction figure la proposition faite à la Commission par M. Maurice (Annexe n° 15).

Cette proposition se formule ainsi : « Considérer les services de guerre, c'est-à-dire le temps passé effectivement sous les drapeaux pendant les hostilités, comme acquis intégralement aux intéressés suivant la formule de la loi de 1913, et ne compter les autres services militaires, c'est-à-dire ceux correspondant à toute période autre que celle des hostilités actuelles, que pour moitié de leur durée, suivant la formule de la loi de 1902 ».

Des mesures seraient étudiées et prises, ajoute M. Maurice, en vue de pallier au mieux à l'inconvénient des quelques chevauchements qui résulteraient pour certaines classes de l'application de cette formule.

Il est facile de se rendre compte de l'étendue des chevauchements qui se produiraient.

La classe 1914 comptera intégralement 3 années de guerre, soit 36 mois.

XXIV
Solutions
incomplètes du
problème
des
chevauchements.
Répartition
de ceux-ci
sur
plusieurs classes.

A
Système restreignant
la loi de 1913.
(Système
de M. Maurice.)

La classe 1913, incorporée en novembre 1913, aura passé sous les drapeaux 9 mois de paix jusqu'à août 1914, et, pour compléter ses trois ans, 27 mois de guerre.

Il lui sera bonifié $1/2$ $9 + 27 = 31$ mois $1/2$.

La classe 1912, incorporée en octobre 1913, aura 10 mois de paix et 14 mois de guerre : il lui sera bonifié 19 mois.

La classe 1911, incorporée en octobre 1912, aura 22 mois de paix et 2 mois de guerre : il lui sera bonifié 13 mois.

Les classes 1910 et antérieures auront 24 mois de paix : il leur sera bonifié 12 mois.

Les chevauchements étant constitués par la différence entre les retards éprouvés par deux classes consécutives seront, comme le montre le tableau ci-joint (Annexe n° 15), de :

1914 sur 1913 : 4 mois 1/2 ;

1913 sur 1912 : 1/2 mois ;

1912 sur 1911 : 6 mois ;

1911 sur 1910 : 1 mois.

Pas de chevauchements pour les classes antérieures.

En somme, ce système se réduit à ceci :

1° Modifier la loi de 1913 pour réduire de 36 mois à 31 mois 1/2 le temps de service utile accordé aux classes 1913 et suivantes, c'est-à-dire réduire à 7 mois 1/2 au lieu de 12 mois l'avantage accordé à ces classes sur leurs aînées ;

2° Faire rétroagir partiellement la loi de 1913 de manière à répartir sur les trois classes 1912, 1911, 1910, dans la proportion respective de un 1/2 mois, 6 mois et 1 mois, les chevauchements qu'implique inévitablement le nouvel avantage accordé.

C'est un système analogue à celui de M. Lesage. Il réduit davantage le bénéfice de la loi de 1913 et s'adapte aux errements des administrations qui ont compté tout le temps de guerre pour l'avancement; mais il a l'inconvénient de laisser subsister des chevauchements.

Les autres systèmes qui ont été suggérés à la Commission laissent subsister tous les avantages accordés par la loi de 1913.

Cette loi a eu pour effet d'accorder un avantage d'un an aux classes 1913 et suivantes par rapport aux classes 1912 et précédentes, en allouant aux premières trois ans de services utiles pour trois ans de services effectifs, alors que les autres classes ne peuvent bénéficier que d'un an de services utiles pour deux ans de services effectifs.

Mais la coupure brutalement faite entre les classes 1913 et 1912 entraîne des chevauchements d'un an d'une classe sur l'autre (Annexe n° 15, régime actuel), et les systèmes proposés ont consisté à répartir cette année en un certain nombre de paliers sur les classes antérieures, de manière à atténuer l'importance des chevauchements en augmentant le nombre des classes sur lesquelles ils portent.

Suivant une proposition de M. Martin, analogue à celle de M. Maurice, mais ne touchant pas à la loi de 1913, on compterait comme passées dans les cadres toutes les années de guerre pour les jeunes gens des classes 1911 et 1912, comme elles le sont pour les suivantes en vertu de la loi de 1913.

On verrait, comme ci-dessus (Annexe n° 15), que ce système aurait pour effet de bonifier aux classes :

1913 : 3 ans ;
1912 : 1 an 7 mois ;
1911 : 1 an 1 mois ;
1910 et précédentes : 1 an.

Les chevauchements seraient ainsi répartis sur trois classes.

1913 sur 1912 : 5 mois ;
1912 sur 1911 : 6 mois ;
1911 sur 1910 : 1 mois.

Pas de chevauchements pour les classes antérieures.

M. de Celles a proposé de « rappeler aux fonctionnaires des classes 1911 et 1912 l'intégralité du temps qu'ils ont passé sous les drapeaux à partir de l'incorporation de la classe 1913, le service militaire accompli par eux avant cette date ne leur étant bonifié que pour moitié. En d'autres termes, les dispositions de l'article 5 de la loi de 1913 seraient applicables à tout le temps passé sous les drapeaux à partir de novembre 1913, à quelque classe que les intéressés appartiennent ».

On verrait, comme précédemment (Annexe n° 15), que les bonifications résultant de ce système seraient de :

1913 : 3 ans ;
1912 : 1 an 11 mois 1/2 ;
1911 : 1 an 5 mois 1/2 ;
1910 et précédentes : 1 an.

Et les chevauchements répartis sur trois classes :

1913 sur 1912 : 1/2 mois ;
1912 sur 1911 : 6 mois ;
1911 sur 1910 : 5 mois 1/2.

Pas de chevauchement pour les classes antérieures.

C.
Système
des paliers égaux.

Tous les autres systèmes qui ne toucheraient pas à la loi de 1913 en accordant des rappels aux classes 1912 et 1911 auraient pour effet de répartir sur un certain nombre de classes l'année de chevauchement créée par l'article 5. Ils feraient cette répartition en paliers inégaux, suivant les chiffres résultant de la conception *a priori* dont on partirait.

On peut dès lors se demander si, au lieu de partir ainsi d'une idée *a priori* pour la traduire en chiffres, il ne serait pas plus logique de renverser la méthode, de se fixer la règle suivant laquelle on en répartira l'année de chevauchement.

A défaut de meilleure règle, et à titre d'exemple, on peut répartir l'année du chevauchement par paliers égaux, entre un certain nombre de classes, en accordant à ces classes des rappels régulièrement décroissants.

Ainsi veut-on se limiter aux classes 1912 et 1911 ? On accordera, par exemple, un rappel de 8 mois à la première, un rappel de 4 mois à la seconde. Les chevauchements seront alors de 4 mois sur chacune des trois promotions 1912, 1911, 1910 (Annexe n° 15).

Veut-on augmenter le nombre des promotions chevauchées en atténuant l'importance des chevauchements ? On accordera, par exemple, aux classes 1912 à 1906 des rappels allant par paliers de 2 mois, de 10 à 2 mois et les chevauchements atteindront également sept classes, à raison de deux mois (1) par classe (Annexe n° 15).

Observation. — Plusieurs membres de la Commission, notamment M. de Celles, comme complément de son système (P. V. du 26 mai 1916, page 4), ont émis l'idée que certaines dispositions pourraient pallier ou même supprimer les chevauchements ; d'autres membres ont nié formellement la possibilité pratique de telles dispositions. Mais ces idées n'ont pas été discutées à fond : il serait utile que des propositions fermes fussent soumises à la Commission et examinées par elle. Ces dispositions, si elles étaient reconnues réalisables, compléteraient heureusement et rendraient beaucoup plus acceptables les systèmes envisagés ($$ XXIII et suivants) qui atténuent seulement les chevauchements sans les supprimer.

LA QUESTION DES RÉFORMÉS.

Les considérations qui précèdent n'ont trait qu'aux chevauchements qui peuvent se produire entre fonctionnaires ayant fait leur service militaire. Mais, pour les supprimer ou les atténuer, certains systèmes font naître d'autres chevauchements, cette fois entre anciens militaires et réformés de la même promotion, chevauchements que la loi de 1913 avait précisément en vue de supprimer.

Il faudrait donc adopter, en même temps que ces systèmes, si c'est à l'un d'eux qu'on s'arrête, des mesures complémentaires qui, pour tenir compte de la volonté manifestée par le Parlement, rétabliraient l'égalité entre réformés et anciens militaires.

XXV
Le retard
à l'avancement
des réformés.

---

(1) On ne peut guère opérer sur plus de sept classes et sur moins de 2 mois par palier. Autrement on arriverait à la classe 1904, et la différence du temps de services effectifs pour les classes 1904 et 1905 (3 ans et 2 ans) rendrait le système inapplicable sans de nouveaux chevauchements.

L'idée d'imposer aux réformés un retard par rapport aux anciens militaires avait été (§ V) très nettement soutenue dès le début par M. Mesureur, rapporteur du budget des Postes; par M. Burdeau, président de la Commission du Budget; par M. Terrier, Ministre du commerce, et par d'autres orateurs (Annexes nᵒˢ 4, 5, 6).

Le Conseil d'État avait, en 1895, délibéré et arrêté un projet de décret dans ce sens que lui avait soumis le Ministre des finances. Le Ministre des travaux publics avait, lors de l'élaboration du décret de 1903, préconisé la même solution. Le Conseil d'État a fait ressortir les avantages de cette solution « qui aurait rétabli exactement l'égalité entre les agents qui ont été soumis à toutes les charges du service militaire et ceux qui en ont été dispensés en tout ou en partie ; elle aurait pu, au point de vue budgétaire, procurer une économie de nature à atténuer notablement les charges nouvelles ».

Mais le Conseil d'État n'a pas cru devoir entrer dans cette voie parce qu'il a « pensé qu'il ne serait pas possible d'imposer ce système aux diverses administrations de l'État sans excéder les termes de la délégation conférée par le législateur » (1).

Lors de la discussion au Sénat de la loi de 1913, M. Chabert est allé plus loin encore en soutenant que, même après l'égalité rétablie, il est juste d'imposer un retard effectif aux réformés par rapport à leurs collègues (Annexes nᵒˢ 8 et 9).

Bien que ces vues aient paru recevoir l'approbation du rapporteur de la loi, M. Doumer (Annexe nᵒ 11), la Commission peut hésiter à sanctionner cette conception qui n'a pas encore reçu l'adhésion du Parlement. Rien ne l'empêche néanmoins de recommander l'adoption de mesures de nature à supprimer tout chevauchement, et en particulier, dans la mesure indispensable, le retard à l'avancement des réformés.

Une note en date du 22 juin 1916, signée du chef du cabinet du Ministre de la marine d'alors, préconise cette solution.

Les réformés ont joui dans les classes antérieures à 1913 de faveurs

---

(1) Rapport Jagerschmidt, page 17. Cette raison ne vaut pas pour la Commission chargée éventuellement de proposer au législateur des mesures nouvelles.

véritables, de privilèges manifestes, dont on ne peut sans d'impérieuses raisons de service, justifier l'extension aux réformés des classes ultérieures. Ce sera encore pour eux un appréciable avantage que de faire en quelque sorte leur service dans les bureaux et de toucher leur traitement, de conserver la vie de famille pendant que leurs camarades sont à la caserne, à la manœuvre ou au feu.

Rien de plus équitable qu'au point de vue avancement ils marquent le pas, au moins pendant le temps nécessaire pour qu'ils ne dépassent pas leurs camarades soldats (1).

L'application de ce principe, supposé admis, serait simple dans les différentes méthodes envisagées ci-dessus pour empêcher ou atténuer les chevauchements.

1° Dans la première méthode, la durée des services militaires utiles n'est pas modifiée et reste, pour les classes 1913 et suivantes, égale au temps de services militaires effectifs. Aucun chevauchement dans l'avenir ne se produirait entre réformés et bons pour le service, aucune mesure spéciale ne serait nécessaire. Que si la durée des services civils était en principe allongée, cette mesure laisserait, en fait, les anciens militaires de la classe 1913 dans une situation équivalente à celle de leurs aînés, puisqu'ils regagneraient une année en vertu de la loi de 1913 et que les vides causés par la guerre leur procureront un avancement d'un an, peut-être davantage : les réformés des autres classes seraient plus atteints, mais dans une proportion réduite aussi du fait de la guerre, dont les réformés eux-mêmes vont profiter.

Les promotions suivantes en profiteront aussi, dans une certaine mesure ; la transition paraît devoir se faire sans grands heurts ($ XV).

2° Dans la seconde méthode, c'est-à-dire dans les systèmes où sans changer la durée des services administratifs on modifie la durée des services

(1) Certaines administrations ont déjà adopté des règles analogues. C'est ainsi que dans le personnel ouvrier de la Marine les apprentis réformés ne sont nommés ouvriers qu'en même temps que les hommes de leur classe qui ont fait leur service (Décret du 13 juin 1907). Bien plus, pour les ingénieurs des améliorations agricoles, on a éliminé des concours les réformés pour ne pas établir parmi ces fonctionnaires une classe privilégiée.

militaires utiles, les chevauchements entre anciens militaires et réformés continueront.

Pour rétablir l'égalité, il faudrait imposer à ceux-ci un retard égal à celui subi par ceux-là, retard différent suivant les combinaisons adoptées et qui est donné par la colonne R du tableau ci-joint (Annexe n° 15 : R = S. M. E. — S. M. U.).

Si l'on s'arrête à un système modifiant la loi de 1913, par exemple au système de M. Lesage ou à celui de M. Maurice, il sera nécessaire, pour ne pas faire renaître une inégalité que cette loi supprimait à partir de la classe 1913, d'imposer aux réformés de cette classe et des suivantes un retard de six mois dans le premier système, de quatre mois et demi dans le second. Quant aux classes antérieures à 1913, si l'on voulait pour toutes rétablir l'égalité, il faudrait pour toutes retarder les réformés, même des classes les plus anciennes : des raisons analogues à celles qui paraissent devoir faire rejeter le système de la rétroactivité complète, ne permettent pas de s'arrêter à cette idée.

Le retard des réformés peut trouver place au contraire dans le système qui fait rétroagir la loi de 1913 dans de certaines limites : système de M. Martin, système de M. de Celles, système des paliers égaux.

Ainsi dans le système des paliers égaux répartis sur deux ans (V. Annexe n° 15), les services militaires utiles seraient allongés de huit mois pour la classe 1912 et de quatre mois pour la classe 1911, de sorte qu'elles subiraient encore respectivement des retards de quatre mois et de huit mois ; il faudrait dès lors augmenter de ces quatre mois ou de ces huit mois la durée de services administratifs des réformés de ces classes. A cette condition ils cesseraient d'être privilégiés dans leur avancement par rapport à leurs camarades qui ont été au front, et des doléances de leur part seraient d'autant moins fondées qu'en fait ils subiraient très probablement non pas un retard effectif, mais seulement une diminution de l'accélération d'avancement qui résultera de la guerre. (Il reste entendu que pour les fonctionnaires de l'Instruction publique dont l'avancement est réglé automatiquement par une loi, cette mesure ne pourrait leur être appliquée que par une loi.)

D. — CONCLUSION.

L'article 5 de la loi du 7 août 1913, voté à l'occasion des charges militaires nouvelles imposées au pays, fait un pas de plus dans la voie ouverte dans les législatures antérieures, et tend à supprimer toute inégalité, pour certaines catégories de fonctionnaires, entre anciens militaires et réformés.

Mais ce texte, insuffisamment étudié et hâtivement voté, ne supprime ces inégalités qu'en en faisant naître de nouvelles, sous forme de chevauchements, au préjudice des classes antérieures.

La tâche de la Commission consiste à rechercher et à proposer les moyens propres à supprimer ou à atténuer, s'il y a lieu, ces chevauchements sans perdre de vue le vœu du Parlement qui a été rappelé ci-dessus.

Les procédés employés avant 1913 par le Parlement lui-même et qui ont constitué des solutions de plus en plus approchées du problème ont consisté à compter aux anciens militaires, comme passée dans les cadres, une partie du temps passé par eux sous les drapeaux, et à allouer des crédits spéciaux aux administrations où l'avancement est automatique soit en droit, soit en fait.

Le législateur de 1913 n'a voté aucun crédit pour l'application de l'article 5. On n'en peut conclure qu'il a voulu renoncer au procédé employé jusque-là, mais tant que des crédits nouveaux n'auront pas été votés, rien ne permet non plus de supposer *à priori* une opinion contraire et la Commission a toute liberté d'action, pourvu qu'elle ne perde pas de vue son objet essentiel : « assurer l'égalité d'avancement entre anciens militaires et réformés, sans que les classes anciennes subissent un réel préjudice du fait des avantages nouveaux accordés aux classes à venir ».

La loi de 1913 ayant été votée après la déclaration formelle qu'elle ne sera pas rétroactive, le régime qu'elle crée et sa non-rétroactivité sont liés dans une certaine mesure : si l'on touche à la loi de 1913, rien n'empêche

plus de revenir sur le passé et de modifier la situation des classes antérieures. Mais il y aurait danger à remonter trop loin en arrière.

Étant donnée la complexité du problème, toute modification dans les
situations acquises peut avoir des répercussions inattendues et fâcheuses;
l'application de conceptions justes dans leur principe peut créer des injus-
tices individuelles et susciter aussitôt des réclamations d'autant plus nombreuses et d'autant plus fondées qu'on aura porté atteinte à des statuts
depuis longtemps appliqués. Il est presque impossible de réparer des inégalités anciennes et pour ainsi dire assoupies sans en faire naître de nouvelles, beaucoup moins tolérables.

Si donc l'on croit devoir toucher aux situations anciennes, il ne faut le
faire que pour un nombre limité de promotions. Encore est-il certain que
la promotion à laquelle on s'arrêtera et qui ne profitera pas des avantages
nouveaux, tenant pour illogique et injuste cette limitation forcément arbi-
traire, se dira lésée, et soutenue par les précédentes, ne manquera pas de
réclamer le même bénéfice (1).

D'autres considérations viennent à l'encontre de l'extension à des classes
antérieures du bénéfice entier ou partiel de la loi de 1913.

Les promotions antérieures à cette loi n'ignoraient pas qu'elles étaient
soumises au régime du décret du 11 novembre 1903; aussi bien depuis
cette date jusqu'au moment où la loi de trois ans a créé une situation
nouvelle pour les fonctionnaires, le mode de computation des services
militaires établi par le Conseil d'État en conformité avec les vues antérieures du Parlement paraît avoir été accepté par tous : il n'a fait l'objet
d'aucune réclamation à la tribune des Chambres sauf sur un point secondaire.

Ne serait-il pas choquant, d'autre part, que de la loi de trois ans, déjà
lourde pour le pays, on tirât par une voie indirecte et détournée des
avantages nouveaux pour quelques classes de fonctionnaires auxquelles elle
ne s'appliquait pas et dont l'avancement sera au surplus accéléré par les
vides qu'aura creusés la guerre?

(1) La question des remèdes à apporter à la situation très spéciale des classes 1911 et 1912
reste toutefois entière.

L'attribution de ces avantages nouveaux en vue d'atténuer les chevauchements actuels ne ferait du reste qu'étaler sur un plus grand nombre de promotions la même somme de chevauchements, sauf application de mesures assez imprécises encore sur l'efficacité et les conséquences desquelles certains membres de la Commission ont fait d'expresses réserves.

En résumé, l'extension même partielle de la loi de 1913 aux classes antérieures ne se justifie que si aucun autre moyen ne s'offre de supprimer les chevauchements.

Or, — il faut toujours en revenir à cette idée fondamentale, — le seul problème à résoudre est d'effectuer une étape nouvelle, de faire un pas de plus dans la voie de l'égalité entre réformés et anciens militaires.

De même qu'en 1903, le décret n'a statué que pour l'avenir, de même le régime à instituer peut ne s'appliquer qu'aux classes futures (1). Cette condition, encore une fois, avait été formellement stipulée par le Gouvernement lors du vote de l'article 5, et elle s'explique mieux encore qu'en 1903 parce que de sérieux progrès et d'importantes améliorations ont été réalisés depuis lors. C'est le service de trois ans qui constitue le fait nouveau, c'est la loi de 1913 qui doit ouvrir le régime nouveau et la logique commande, semble-t-il, de se borner à supprimer ou atténuer l'inégalité entre réformés et anciens militaires, pour les classes 1913 et suivantes, au moyen de modifications apportées aux règles de l'avancement de ces classes.

Quant aux chevauchements qui sont la conséquence de la coexistence de la loi de 1913 et du décret de 1903 et des avantages inégaux accordés à deux classes successives, on y remédiera en modifiant la situation des classes futures, soit en augmentant le temps total des services utiles pour un avancement déterminé, soit en diminuant le temps des services militaires utiles tel qu'il résulte de la loi de 1913; on pourra en même temps retarder l'avancement des réformés qui ont jusqu'ici bénéficié d'une véritable faveur.

_____

(1) A partir de 1913 bien entendu et, toujours sous les restrictions ci-dessus, pour les classes 1911 et 1912.

Dans l'appréciation de ces mesures, il ne faut pas oublier qu'il résultera ou qu'on pourra faire résulter de la guerre, pour la classe 1913 et pour les premières classes qui la suivent, des conditions d'avancement exceptionnelles; que les jeunes fonctionnaires seraient mal venus à réclamer comme un droit le bénéfice des vacances anormales qui s'ouvrent; que, tout au moins pour les agents en fonctions, ces accélérations d'avancement compenseront et peut-être au delà les modifications envisagées. Il se créera un régime de fait, un régime transitoire, qui permettra de passer sans à-coups du régime ancien au régime nouveau. En équité, aucune plainte ne devrait s'élever contre cette solution qui laisse aux fonctionnaires des classes 1913 et 1914 les mêmes perspectives de carrière qu'ils avaient lorsqu'ils se sont présentés au concours.

Une Commission constituée par le Ministre des finances ne saurait — autre point de vue — faire abstraction du côté financier du problème.

En 1903 le Conseil d'État en avait tenu grand compte.

Son rapporteur écrivait : « Tout en poursuivant les résultats qui lui étaient désignés en vue d'améliorer les conditions des anciens militaires retardés dans leur avancement par l'accomplissement du service obligatoire dans l'armée active, le Conseil d'État a été principalement animé par la préoccupation de ménager les finances publiques. Parmi les solutions compatibles avec les termes de la délégation qui se présentaient à lui, il a choisi celle qui lui a paru peser d'une charge moins lourde sur le budget.

« Sans doute cette charge est encore trop forte, eu égard aux exigences de l'équilibre budgétaire, et nous aurions voulu pour y remédier recourir à un moyen plus efficace. Il a fallu y renoncer, non pas faute d'avoir trouvé un moyen, mais parce qu'il n'appartenait pas au Conseil d'État de l'appliquer » (1):

Ces considérations n'ont pas perdu de leur valeur; elles tirent même des circonstances présentes une force singulièrement plus grande. Les charges que le pays devra supporter après la guerre seront si lourdes

---

(1) Rapport Jagerschmidt, page 24.

qu'on ne saurait lui en imposer de nouvelles s'il n'y a impossibilité absolue de faire autrement.

L'adoption d'un système qui ne grève pas, ou qui grève le moins possible les finances publiques, s'impose d'autant plus qu'après vingt ans d'expérience on ne peut plus croire, comme on l'avait dit imprudemment dans les premières discussions au Parlement, que les crédits alloués seront les derniers et achèveront la réforme. La modeste amélioration à la situation des anciens militaires des P. T. T. votée en 1893 a été le point de départ de revendications très diverses ; le principe a été successivement appliqué à des catégories nouvelles de fonctionnaires et dans des conditions toujours plus onéreuses.

Les 50,000 francs de 1893 sont devenus des millions annuels ; à chaque budget des prétentions nouvelles sont formulées, et la tendance est d'aller aux conséquences extrêmes du principe initial. Des revendications se sont produites en 1913 à la tribune du Sénat lors de la discussion de l'article 5, en vue d'obtenir l'extension du bénéfice des bonifications à de nouvelles et très nombreuses catégories de fonctionnaires. Elles auraient eu pour effet, si elles avaient été accueillies, d'accroître hors de toute mesure les charges actuelles ; et cependant ces propositions, loin de soulever des objections, ont paru rencontrer quelque faveur.

Et ces revendications étaient loin encore d'englober la totalité des fonctionnaires. Si l'on continue de faire du service militaire une source de dépenses au profit de certains agents, si des crédits s'élevant à des millions sont ouverts de ce chef au budget des Postes ou à celui des Administrations financières, les autres administrations réclameront, sous une forme ou sous une autre, des avantages équivalents et les réclameront sans trêve. Et ainsi dans la voie où l'on est entré, on n'aurait fait que les premières étapes, et des perspectives indéfinies de dépenses s'ouvriraient pour l'avenir.

La difficulté d'application de l'article 5 de la loi de 1913, qui nécessite la mise au point des textes en vigueur, et d'autre part la situation de fait créée par la guerre offrent une occasion qui ne se retrouvera sans doute pas de s'arrêter dans la voie suivie jusqu'ici, et d'en chercher d'autres qui conduisent au même but sans exiger les mêmes sacrifices.

Il semble que les conclusions du Rapporteur du Conseil d'État en 1903 étaient pleinement fondées; qu'il existe un moyen efficace d'atteindre ce but en tenant compte des exigences budgétaires et qu'il suffisait de *vouloir* l'appliquer. La solution à laquelle le Conseil d'État, enfermé dans les termes d'un mandat limitatif, n'a pas cru pouvoir s'arrêter, la Commission a qualité, si tel est son avis, pour en préconiser l'adoption.

Les observations ci-dessus conduisent à la solution suivante : *il faut modifier, pour l'avenir, les règles de l'avancement dans certaines administrations* :

1° L'augmentation du temps total utile nécessaire pour obtenir un certain avancement, se combinant avec la règle, posée par l'article 5, de la bonification totale des services militaires, assurerait, sans qu'il soit nécessaire de toucher à la loi de 1913, l'égalité entre réformés et anciens militaires et supprimerait en même temps les chevauchements, le tout sans dépenses nouvelles.

Peut-être seulement sera-t-il expédient d'améliorer la situation des classes de début; mais c'est un tout autre problème et qui de toute façon semble devoir se poser.

Cette solution est la seule qui réunisse tous ces avantages; elle est la plus simple et la plus efficace. A son défaut, il faudra recourir à la fois à plusieurs solutions partielles, chacune donnant d'une façon plus ou moins satisfaisante, une partie des mêmes résultats.

2° Les systèmes précédemment exposés qui, pour supprimer les chevauchements (M. Lesage) ou les atténuer (M. Maurice), reviennent sur la loi de 1913, détruisent par là-même l'égalité que cette loi établissait entre réformés et anciens militaires.

Pour y revenir il faudrait adopter l'une des solutions suivantes envisagées dès 1903 par le Conseil d'État: soit retarder l'avancement des réformés du temps nécessaire (1), soit substituer à l'avancement automatique, dans les administrations où il fonctionne actuellement pour les promotions de classe, un avancement strictement limité aux vacances réalisées, en fixant d'avance le nombre d'emplois de chaque classe (2).

(1) Rapport Jagerschmidt, pages 16 et 17.
(2) Même rapport, page 24.

Dans ces systèmes, les charges financières continueraient comme par le passé (système de M. Lesage : deux ans de services militaires utiles sur trois ans de services effectifs, et par conséquent un an de perdu comme sous le régime du décret de 1903) ou seraient à la fois légèrement diminuées par rapport au régime de la loi de 1913 et aggravées par rapport au régime du décret de 1903 (trente-et-un mois et demi de services militaires utiles sur trente-six mois de services effectifs et par conséquent quatre mois et demi de perdus au lieu de neuf ou de douze). [Voir Annexe n° 15.]

Ces charges seraient réduites par l'adoption de certaines mesures : d'une part, le retard aux réformés pourrait « au point de vue budgétaire procurer une économie de nature à atténuer notablement les charges... »(1) ; d'autre part, en supprimant l'avancement automatique et « en s'abstenant d'augmenter l'effectif des classes, il est possible d'éviter tout accroissement des dépenses du personnel » (2).

3° Les autres systèmes, — ceux de MM. Martin et de Celles, ou celui des paliers égaux, — ne touchant pas à la loi de 1913, maintiennent par conséquent l'égalité entre réformés et anciens militaires établie par l'article 5 ; mais laissent subsister les chevauchements et ne diffèrent du régime actuel qu'en les répartissant sur plusieurs classes. On pourra examiner si l'addition à l'un de ces systèmes de dispositions complémentaires pourrait en fait supprimer tout chevauchement appréciable.

La charge financière serait assez lourde ; on pourrait y remédier plus ou moins complètement, comme on l'a vu, soit par des retards imposés aux réformés, soit par la suppression de l'avancement automatique et la limitation des cadres de chaque classe.

4° Enfin le système de la rétroactivité complète maintiendrait l'égalité entre réformés et anciens militaires et supprimerait tous chevauchements ; mais, outre les difficultés pratiques, qui semblent insurmontables, auxquelles il se heurterait (§ xx), il entraînerait des conséquences financières

(1) Rapport Jagerschmidt, page 17.
(2) Même rapport, page 24.

difficilement compatibles avec les possibilités et qu'on n'aperçoit aucun moyen pratique d'atténuer sensiblement.

La modification suggérée incidemment par M. Chaperon remédierait aux difficultés d'application, mais amoindrirait les avantages du système en laissant subsister presque entièrement la surcharge financière.

ANNEXES.

ANNEXE N° 1.

LOI DE FINANCES DU 30 MARS 1902.

ART. 80.

Un décret rendu dans la forme des règlements d'administration publique déterminera les conditions générales dans lesquelles il sera tenu compte aux agents et sous-agents de toutes les administrations de l'État, aux employés et ouvriers des établissements industriels de l'État, dans le calcul de l'ancienneté exigée pour l'avancement, des services militaires qu'ils ont accomplis, avant comme après leur entrée dans les cadres.

Ce règlement devra intervenir dans le délai d'une année à dater de la promulgation de la présente loi.

ANNEXE N° 2.

DÉCRET DU 11 NOVEMBRE 1903

relatif à l'exécution de l'article 80 de la loi de finances du 30 mars 1902.

LE PRÉSIDENT DE LA RÉPUBLIQUE FRANÇAISE,

Sur le rapport du Ministre des Finances,

Vu l'article 80 de la loi de finances du 30 mars 1902, ainsi conçu :

« Un décret rendu dans la forme des règlements d'administration publique déterminera les conditions générales dans lesquelles il sera tenu compte aux agents et sous-agents de toutes les administrations de l'État, aux employés et ouvriers des établissements industriels de l'État, dans le calcul de l'ancienneté exigée pour l'avancement, des services militaires qu'ils ont accomplis, avant comme après leur entrée dans les cadres.

Ce règlement devra intervenir dans le délai d'une année à dater de la promulgation de la présente loi ».

Le Conseil d'Etat entendu,

DÉCRÈTE :

ART. 1er. — Le temps passé sous les drapeaux, pour l'accomplissement du service militaire, par les agents et sous-agents des administrations de l'État, ainsi que par les employés et ouvriers des établissements industriels de l'État, soit avant, soit après leur admission dans les cadres, est compté pour l'avancement dans la proportion de la moitié de sa durée, lorsqu'il est fait état de l'ancienneté de services.

Toutefois, les services militaires antérieurs ne sont comptés que si l'admission dans les cadres a été demandée pendant l'année qui a suivi la libération de l'ancien militaire, ou si le candidat s'est présenté au premier concours ouvert après l'expiration de ladite année.

ART. 2. — Lorsque l'ancien militaire a accompli, en vertu d'un engagement volontaire, d'un rengagement ou d'une commission, une durée de services excédant le temps passé sous les drapeaux par la classe qui a été appelée l'année de son incorporation, ou lorsqu'il a été retenu au corps, par suite de mesures disciplinaires, après le temps réglementaire, il n'est pas fait état de ce service supplémentaire.

En aucun cas il n'est tenu compte des services militaires déjà rémunérés par une pension.

ART. 3. — Le temps supplémentaire à compter, en vertu du présent décret, pour la détermination du rang d'ancienneté, en vue des diverses promotions, est réparti entre ces promotions, suivant les règles déterminées par arrêté ministériel, à raison de six mois au maximum par promotion.

Le temps de service effectif nécessaire pour chaque promotion ne peut, en aucun cas, être réduit de plus d'un tiers.

ART. 4. — Dans les administrations et dans les établissements où l'application des dispositions qui précèdent aurait pour effet d'augmenter le nombre des promotions attribuées à l'ancienneté, il ne sera pourvu à ces augmentations que dans la limite des disponibilités budgétaires.

ART. 5. — Dans le cas où, pour l'avancement du personnel d'une administration ou d'un établissement de l'État, le temps de service militaire est actuellement compté

---

pour plus de moitié, les agents, sous-agents, employés et ouvriers en fonctions, comme titulaires d'emplois, au moment de la promulgation du présent décret, demeurent régis par la réglementation en vigueur.

ART. 6. — Des arrêtés ministériels régleront les détails d'application de toutes les mesures nécessaires à l'exécution des dispositions qui précèdent et spécialement les conditions et limites dans lesquelles seront comptés les services militaires antérieurs à la promulgation du présent décret.

ART. 7. — Il n'est pas dérogé aux décrets ou règlements concernant le mode d'avancement du personnel.

ART. 8. — Sont abrogés tous les décrets et règlements antérieurs, en ce qu'ils sont contraires aux dispositions qui précèdent.

ART. 9. — Le Ministre des Finances et tous les autres ministres, chacun en ce qui le concerne, sont chargés de l'exécution du présent décret qui sera publié au *Journal officiel* et inséré au *Bulletin des lois*.

ANNEXE N° 2 *bis*.

DÉCRET DU 6 SEPTEMBRE 1912

modifiant l'article 1er du décret du 11 novembre 1903 relatif à l'exécution de l'article 80 de la loi de finances du 30 mars 1902.

LE PRÉSIDENT DE LA RÉPUBLIQUE FRANÇAISE,

Sur le rapport du Ministre des Finances,

Vu l'article 80 de la loi de finances du 30 mars 1902,

Vu le décret du 11 novembre 1903,

Le Conseil d'État entendu,

DÉCRÈTE :

ART. 1er. — Le second paragraphe de l'article 1er du décret du 11 novembre 1903 est remplacé par les dispositions suivantes :

« Toutefois les services militaires antérieurs ne sont comptés que si l'admission
« dans les cadres a été demandée pendant les deux années qui ont suivi la libération
« de l'ancien militaire ou si le candidat s'est présenté au premier concours ouvert après
« l'expiration de ces deux années.

« Les dispositions du paragraphe précédent ne sont pas applicables aux agents et
« sous-agents de l'État, aux employés et ouvriers des établissements industriels de
« l'État qui ont demandé leur admission dans les cadres avant le 1ᵉʳ août 1912 ou qui
« se seront présentés au premier concours ouvert après cette date. »

Art. 2. — Le Ministre des Finances et les autres Ministres, chacun en ce qui le
concerne, sont chargés de l'exécution du présent décret qui sera publié au *Journal Officiel* de la République française et inséré au *Bulletin des Lois.*

ANNEXE N° 3.

LOI DU 7 AOÛT 1913

fixant les conditions du recrutement de l'armée active et la durée du service.

ART. 5.

L'article 7 de la loi du 21 mars 1905 (1) est complété comme suit :

« Le temps passé sous les drapeaux par les agents et sous-agents de toutes les admi-
« nistrations de l'État, par les ouvriers et employés des établissements de l'État, soit
« avant soit après leur admission dans les cadres, est compté pour le calcul de l'ancien-
« neté de services exigée pour la retraite et pour le calcul de l'ancienneté exigée pour
« l'avancement pour une durée équivalente de services civils.

« Ce temps est compté en une seule fois aussitôt accompli si le service militaire est
« fait après l'admission dans les cadres ou dès l'entrée dans les cadres s'il a été fait
« auparavant. »

---

(1) Loi du 21 mars 1905, art. 7.
Nul n'est admis dans une administration de l'État ou ne peut être investi de fonctions publiques,
même électives, s'il ne justifie avoir satisfait aux obligations imposées par la présente loi.

ANNEXE N° 4.

Rapport Mesureur sur le budget des Postes pour l'exercice 1894.

(J. O., *Chambre*, doc. de 1893, n° 2846, p. 724.)

« Les agents des Postes anciens militaires ont adressé depuis longtemps de nombreuses et vives réclamations dans le but d'obtenir qu'il leur fût tenu compte pour l'avancement du temps passé sous les drapeaux... en vue d'atténuer l'inégalité du traitement constatée entre les agents revenant après trois ans passés dans l'armée et ceux qui, dispensés à un titre quelconque, étaient restés dans l'administration et doivent bénéficier d'un avancement régulier.

« Votre Commission du budget croit que pour mettre fin à une inégalité choquante et injuste et pour sauvegarder à la fois nos finances, il conviendrait de suspendre l'avancement pour les jeunes employés qui bénéficient d'une dispense pendant une période correspondant à la durée du service militaire.

« Cette mesure serait une juste compensation accordée aux agents appelés sous les drapeaux... »

Réduction de crédit de 33,000 francs.

ANNEXE N° 5.

Discussion du budget de 1894.

(*Chambre des députés, séance du 5 juillet 1893*, J. O., p. 2014.)

M. Burdeau, Président de la Commission du budget:

« Il n'est pas possible de méconnaître qu'il est inique qu'un employé qui a fait son service militaire... soit désavantagé par ce seul fait, et voie, à son retour du service, ses camarades arrêter devant lui l'avancement auquel il a droit.

« Il y a là une inégalité qu'il importe de faire cesser.

« Deux moyens s'offrent, d'abord un moyen très simple qui est à la portée de tout le monde : il consiste à déclarer que celui qui est resté absent, qui a fait son service militaire, aura droit à l'avancement comme s'il était resté dans son emploi. Mais alors il faut que ce soit une mesure générale : dites que tous les fonctionnaires, ceux des communes, comme ceux des départements, continueront à compter pour l'avancement pendant les trois années de leur vie consacrée au service militaire. Et alors envisagez la dépense, faites une loi et créez les impôts nécessaires, car c'est par dizaines de millions qu'on devra compter.

« Il ne faut pas engager la question avant de l'avoir envisagée à ce point de vue. Il est trop facile, chaque fois qu'une question de cette nature se pose, de la trancher au détriment du Trésor et en faveur de ceux qui doivent en bénéficier. Il faut l'examiner aussi au point de vue du droit et en se disant que vous ne pouvez réclamer des contribuables que ce qui est indispensable pour rémunérer les services qu'ils payent de leurs deniers.

« Nous faut-il procéder ainsi par voie de largesse pour donner un avancement à des employés qui ont simplement accompli un service que la loi leur impose... ? N'y a-t-il pas une autre solution... ? Ce qui est véritablement exorbitant, c'est que celui qui a eu la bonne fortune d'échapper au service militaire et de servir l'État dans un service plus facile bénéficie d'un avancement au détriment de ses camarades envoyés sous les drapeaux.

« Il est plus pénible de soutenir des mesures rigoureuses et de parler au nom de la justice que de proposer les mesures larges, généreuses, sans se laisser arrêter par les considérations du Trésor et des contribuables qui sont appelés à en supporter les frais.

« Il faut avoir le courage de le dire : ce qui serait le plus juste serait de tenir ce langage aux employés : Toi qui n'as pas servi sous les drapeaux et qui as été exempté de cette forme périlleuse et pénible du service, tu n'auras pas encore par-dessus le marché l'avantage d'avancer et de supprimer ainsi l'avancement de tes camarades. »

(L'amendement en cause fut cependant voté sur cette affirmation de son auteur que « l'Administration des Postes est la seule dans laquelle des employés soient admis avant d'avoir satisfait à la loi militaire ». L'amendement, en effet, paraissait ne porter que sur les agents faisant leur service militaire après leur entrée dans les cadres; on estimait que les autres agents, pour se réserver avant d'entrer dans l'administration, ne pouvaient prétendre aux autres avantages. Ces avantages leur furent cependant concédés quelques années après.)

ANNEXES N°s 6-7.

Discussion au Sénat, séance du 19 juillet 1893. (J. O., p. 1203.)

Le Ministre du Commerce, M. TERRIER :

« Il est un moyen qui concilierait, je crois, et l'intérêt des finances du pays et le sentiment de justice et de bienveillance......

« Il consisterait à payer des appointements à ceux des agents qui sont exempts, pour une cause ou pour une autre, du service militaire, pendant que les jeunes gens de la même classe sont sous les drapeaux et à ne leur donner pendant cette période aucun avancement. Ces jeunes gens dispensés ont déjà l'avantage de passer les trois années au service de l'État, de toucher des appointements comme fonctionnaires et d'être exemptés de tous les embarras qui sont la conséquence habituelle du métier militaire.

« J'estime que cela peut paraître suffisant. »

Même proposition de M. Pourquery de Boisserin, membre de la Commission du Budget. (Chambre des Députés, séance du 8 février 1895, *J. O.*, débats, p. 225.)

ANNEXE N° 8.

Discussion au Sénat de l'article 5 de la loi du 7 août 1913.
(J. O., *débats*, *séance du 6 août 1913, p. 1331, col. 2.*)

M. CHABERT :

« Tout en faisant disparaître l'injustice qui frappe les fonctionnaires ayant fait leur service militaire par rapport à ceux qui ne l'ont pas accompli, l'article 5 ne place pas les premiers sur un pied de complète égalité avec les seconds.

« En effet, ces derniers échappent aux ennuis administratifs causés par le séjour à la caserne. Ils continuent normalement et sans difficulté leur carrière administrative. Par contre, les autres, ceux qui ont fait leur service, ont oublié les règlements anciens, ignorent surtout les nouveaux, obtiennent parfois très difficilement les postes ou les résidences occupés précédemment par eux et éprouvent fréquemment des difficultés et même des retards de deux, trois ou quatre mois pour obtenir leur réintégration.

« Par conséquent, il y a lieu de faire quelque chose en leur faveur et vous estimerez certainement avec moi, que le fait de passer trois ans à la caserne au lieu de les passer dans un bureau mérite mieux qu'une durée équivalente de services civils. Il convient, à mon sens, de faire davantage et d'instituer une sorte de prime, si modeste soit-elle, au service militaire. C'est précisément le but de notre amendement; il en résulte que les fonctionnaires complètement exemptés de trois années de service par les conseils de revision supporteront un retard de dix-huit mois (moitié du temps de service) dans leur carrière administrative et pour ceux par exemple qui auront été réformés au bout d'un an, ce retard sera d'une année seulement. »

ANNEXE N° 9.

Discussion au Sénat d'un amendement de M. Chabert
relatif aux Chemins de fer de l'État. (J. O., *débats, séance du 6 août 1913, p. 1336.*)

M. CHABERT :

« Le personnel des chemins de fer de l'État peut-il prétendre au bénéfice de l'article 5 ?

« J'incline fermement à le croire, car les cheminots de l'État sont bien chargés d'assurer un service public au même titre que les instituteurs, les douaniers, etc.

« Je crois que la logique même le commande et le bénéfice de l'article en question doit aussi s'appliquer au personnel des administrations départementales et communales comme au personnel des administrations de l'État.

« Nous devons nous efforcer en effet de faire des lois aussi complètes, aussi parfaites que possible, et, en donnant satisfaction aux uns, nous devons nous garder de soulever les récriminations des autres. »

ANNEXE N° 10.

Présentation au Sénat de l'amendement Chabert créant de nouvelles catégories de bénéficiaires.

(J. O., *débats, séance du 6 août 1913, p. 1335.*)

TEXTE DE L'AMENDEMENT.

Ajouter à l'article : « Employés et ouvriers commissionnés des Établissements et des Chemins de fer de l'État, par les fonctionnaires, agents et sous-agents des administrations départementales et communales, soit avant, soit après leur admission dans les cadres. . . . .

« Les fonctionnaires désignés ci-dessus, exemptés par le conseil de revision, ou réformés à leur corps, subiront dans leur carrière administrative un retard d'ancienneté égal à la moitié du temps de service militaire qu'ils auraient dû passer ou qu'il leur resterait à passer sous les drapeaux. Ceux d'entre eux qui seront réformés par suite d'accidents survenus en service commandé, et régulièrement constatés, bénéficieront exceptionnellement des avantages prévus au premier paragraphe du présent article.

ANNEXE N° 11.

Rapport Doumer sur le projet de loi fixant les conditions du recrutement de l'armée active
et la durée du service.

(J. O., doc. parl., Sénat, S. O. 1913, N° 339, p. 783.)

ART. 5.

Cet article a été inséré dans le projet par suite de l'adoption d'un amendement de
M. Engerand, député, qui a expliqué à la Chambre la nécessité de faire disparaître
de la loi sur le recrutement de l'armée une disposition qui lèse très gravement les
fonctionnaires civils de toutes les catégories ayant accompli leur service militaire.

En effet, l'article 7 de la loi du 21 mars 1905 porte que : « nul n'est admis dans
une administration de l'État, ou ne peut être investi de fonctions publiques, même
électives, s'il ne justifie avoir satisfait aux obligations imposées par la présente loi ».
Mais un fonctionnaire qui ayant été réformé n'a pas accompli intégralement le temps
de service actif prévu par la loi est considéré comme ayant satisfait aux obligations
légales ; de telle sorte qu'il se trouve plus favorisé, au point de vue de l'avancement, par
le seul fait qu'il a pu entrer plus tôt ou rester plus longtemps au service de l'État que
ceux de ses collègues qui ont été maintenus dans l'armée active pendant la durée fixée
par la loi.

L'article 5 nouveau se comprend donc, en tant qu'il est relatif au calcul de l'ancienneté de services exigée pour l'avancement ; mais en ce qui concerne le calcul de l'ancienneté de services exigée pour la retraite, il semble n'apporter aucune innovation dans
la législation actuelle en matière de pensions, l'article 8, paragraphe 1er, de la loi du
9 juin 1853 étant ainsi conçu : « Les services dans les armées de terre et de mer
concourent avec les services civils pour établir le droit à pension et seront comptés
pour leur durée effective, pourvu toutefois que la durée des services civils soit au
moins de douze dans la partie sédentaire, ou de dix ans dans la partie active ».

Le texte nouveau ne paraît modifier en rien les dispositions en vigueur touchant
au mode de liquidation de la fraction de la pension de retraite afférente aux services
militaires accomplis par les fonctionnaires civils. Il a du moins le mérite de faire
disparaître une injustice en ce qui concerne l'avancement des fonctionnaires.

ANNEXE N° 12.

Discussion au Sénat de la loi du 7 août 1913.
(J. O., *débats, séance du 6 août 1913, p. 1337.*)

M. Doumer, *Rapporteur :*

« M. Chabert fait observer très justement que du premier coup on est arrivé à une application suffisante du principe et qu'il y aura lieu d'y apporter des retouches, notamment au point de vue des idées nouvelles très intéressantes contenues dans l'amendement qu'il présente..... »
Amendement disjoint.

Amendement Nègre, Razimbaud et Delhon a pour but de faire bénéficier de l'article 5 les employés des services des hôpitaux et des établissements de bienfaisance.
Amendement disjoint.

ANNEXE N° 13.

Discussion au Sénat de la loi du 7 août 1913.
(J. O., *débats, séance du 6 août 1913, p. 1338.*)

M. Charles Dumont, Ministre des Finances :

« A propos de l'article 5, le Gouvernement est amené pour la première fois à faire une déclaration qu'il aura l'occasion de renouveler ; la loi ne peut avoir d'effet rétroactif, ce qui veut dire que tous les avantages nouveaux conférés dans cette loi le sont exclusivement à raison de la prolongation de durée du service qu'elle prévoit.

« Par conséquent, il est bien entendu que les dispositions de l'article 5 ne s'appliqueront qu'aux soldats qui auront fait trois ans de service militaire sous le futur régime. Voilà la déclaration formelle et de principe d'après laquelle nous interpréterons l'article 5 et qui nous servira à interpréter plusieurs autres articles de la loi. »

(L'article est voté sans autres observations.)

ANNEXE N° 14.

APPLICATION DE LA 1re MÉTHODE.

Modification du temps total des services utiles.

DÉSIGNATION des systèmes.	PROMOTION 1911.												PROMOTION 1910.					
	CLASSE 1913.					CHEVAUCHEMENT 1913 sur 1915 $(T^{13}-T^{15})$	CLASSE 1915.					CHEVAUCHEMENT 1915 sur 1910 $(T^{15}-T^{10})$	CLASSE 1911.					CHEVAUCHEMENT 1911 sur 1910 $(T^{11}-T^{10})$
	S.T.U.	S.M.U.	S.C. (S.T.U. − S.M.U.)	S.M.E.	T. (S.C. + S.M.E.)		S.T.U.	S.M.U.	S.C. (S.T.U. − S.M.U.)	S.M.E.	T. (S.C. + S.M.E.)		S.T.U.	S.M.U.	S.C. (S.T.U. − S.M.U.)	S.M.E.	T. (S.C. + S.M.E.)	
Régime actuel.	11	3	8	3	11	1 an.	11	1	10	2	12	0	11	1	10	2	12	0
1er système § XI	11	3	8	3	11	0	10	1	9	2	11	1 an.	11	1	10	2	12	0
2e système. { A § XIII..	12	3	9	3	12	0	11	1	10	2	12	0	11	1	10	2	12	0
B § XIV..	13	3	10	3	13	0	12	1	11	2	13	−1	11	1	10	2	12	0
C § XVII in fine.	11 1/2	3	8 1/2	3	11 1/2	0	10 1/2	1	9 1/2	2	11 1/2	1/2	11	1	10	2	12	0

ANNEXE N° 15.

APPLICATION DE LA 2ᵉ MÉTHODE.

Modification de la durée du service militaire utile.

DÉSIGNATION DES SYSTÈMES.	PARAGRAPHES.	CLASSE 1913 ET SUIVANTES.			CHEVAUCHEMENT 1913 sur 1912. $R^{13}-R^{12}$	CLASSE 1912.			CHEVAUCHEMENT 1912 sur 1911. $R^{12}-R^{11}$	CLASSE 1911.			CHEVAUCHEMENT 1911 sur 1910. $R^{11}-R^{10}$	CLASSE 1910.			CHEVAUCHEMENT 1910 sur 1909. $R^{10}-R^{09}$
		S.M.E.	S.M.U.	R.		S.M.E.	S.M.U.	R.		S.M.E.	S.M.U.	R.		S.M.E.	S.M.U.	R.	
Systèmes supprimant les chevauchements — A. Modification D. 1903 (Rétroactivité complète)............	XIX	3	3	0	0	2	2	0	0	2	2	0	0	2	2	0	0
B. Modification L. 1913 (M. Lesage)......	XXII	3	2	1	0	2	1	1	0	2	1	1	0	2	1	1	0
C. Modification D. 1903 et L. 1913......	XXIII	3	2 1/2	1/2	0	2	1 1/2	1/2	0	2	1 1/2	1/2	0	2	1 1/2	1/2	0
Systèmes laissant subsister les chevauchements, sans modifier la loi de 1913 — Régime actuel..	»	3	3	0	1 an.	2	1	1 an.	0	2	1 an.	1 an.	0	2	1	1	0
M. Martin......	XXIV-1ᵃ	3	3	0	5 m.	2	1ᵃ 7ᵐ	5 m.	6 m.	2	1ᵃ 1ᵐ	11 m.	1 m.	2	1	1	0
M. de Celles....	XXIV-2ᵃ c	3	3	0	1/2 m.	2	1ᵃ11ᵐ 1/	1/2 m.	6 m.	2	1ᵃ5ᵐ1/2	6ᵐ 1/2	5ᵐ 1/2	2	1	1	0
paliers sur 2 ans.	XXIV-2ᵃ b	3	3	0	4 m.	2	1ᵃ 8ᵐ	4 m.	4 m.	2	1ᵃ 4ᵐ	8 m.	4 m.	2	1	1	0
égaux sur 6 ans.	XXIV-2ᵃ c	3	3	0	2 m.	2	1ᵃ 10ᵐ	2 m.	2 m.	2	1ᵃ 8ᵐ	4 m.	2 m.	2	1ᵃ 6ᵐ	6 m.	2 m.
en modifiant la loi de 1913. M. Maurice (CLASSE 1914 : S.M.E. 3 | S.M.U. 3 | R. 0 | CHEVAUCHEMENT. 4ᵐ1/2)	Idem.	3	31ᵐ 1/2	4ᵐ 1/2	1/2 m.	2	1ᵃ 7ᵐ	5 m.	6 m.	2	13 m.	11 m.	1 m.	2	12 m.	12 m.	0

Dans chaque système, le chevauchement d'une classe sur l'autre est la différence entre le retard de celle-ci et le retard de celle-là. Dans chacun des systèmes laissant subsister des chevauchements et ne modifiant pas la loi de 1913, le total des chevauchements équivaut à une année : c'est en effet le chevauchement créé par la loi de 1913, réparti seulement d'une façon différente et sur plus ou moins de classes, suivant les systèmes.

/